与所有美好不期而遇

周小雨——著

九州出版社
JIUZHOUPRESS

图书在版编目（CIP）数据

与所有美好不期而遇 / 周小雨著. -- 北京：九州出版社，2016.10

ISBN 978-7-5108-4814-8

Ⅰ. ①与… Ⅱ. ①周… Ⅲ. ①随笔—作品集—中国—当代 Ⅳ. ①I267.1

中国版本图书馆CIP数据核字（2016）第249790号

与所有美好不期而遇

作　　者	周小雨　著
出版发行	九州出版社
地　　址	北京市西城区阜外大街甲35号（100037）
发行电话	（010）68992190/3/5/6
网　　址	www.jiuzhoupress.com
电子信箱	jiuzhou@jiuzhoupress.com
印　　刷	小森印刷（北京）有限公司
开　　本	870毫米×1280毫米　32开
印　　张	8
字　　数	150千字
版　　次	2017年1月第1版
印　　次	2017年1月第1次印刷
书　　号	ISBN 978-7-5108-4814-8
定　　价	35.00元

自序

两年前，我是穿着10cm高跟鞋在CBD上班的广告人，收入10000+；而现在，我辞职了成为一个系着围裙切菜的厨子，收入1000。

很多人问我现在混得怎么样？我总是回答："自己选择的路，跪着也要走完。"

有时候要选择十倍的快乐，也许就要在其他方面付出十倍的牺牲。求仁得仁，复无怨怼。

为了学习厨艺，我甚至曾经一个人偷偷潜入香格里拉酒店地下二层的西餐厨房，在场的所有厨师看到我都惊呆了，手上拿着刀的都悬在了半空中。现在想想，都觉得自己那副样子傻里傻气的，也不知道当时是哪里来的天不怕地不怕的勇气。

也有很多人问我："你后悔吗？"

我说："是执迷不悔。"

在上路之前，我就已经做好了这辈子可能碌碌无为没有结果的准备。如果是奔着成功去的，可能只有功成名就那一时是开心的；如果是因为喜欢，那么时时刻刻都觉得满足。

但是，我也不会因为对未来的向往，而否定过去的任何一段经历，因为每一个点都互相连接，才塑造了完整的自己。其实每一种职业都是无可取代的，比如我曾经从事的地产行业，就像一座庞大的城堡，资本、开发、设计、营销、工程，每一个齿轮都如此严谨而精妙。

但是，比起机器轰鸣，我可能更爱厨房里锅碗瓢盆的叮当声响。

甜品师是很多人羡慕的职业，听起来美好又梦幻，只有亲身经历过才知道这其实是一条更为艰苦的道路。这不是大家经常讨论的从北上广回到小城市的跳槽，不是从互联网到金融业的转行，也不是从甲方到乙方的区别，对我自己来说，这是彻底改变人生的方向，要放弃以前许多的积累，也意味着一切从头再来。

我的家人和朋友一开始几乎没有人支持我。“万般皆下品，惟有读书高”，中国传统观念中对于职业总是有着非常鲜明的等级划分。“你要一辈子当厨师吗？那你还读大学干吗？初中毕业去上个新东方就好了啊，怎么这么任性呢！”当我听到家人和信任的人说出这句话时，内心是绝望的。

我从小就泪点极低，看个煽情烂片都能把眼睛哭肿，但那一段时间却是异常地勇敢，没过掉一滴眼泪。从小到大，无论是听话的“乖乖女”还是头戴“名校光环的尖子生”，过去的这些经历和标签只是让自己变得更加符合这个社会的主流价值观，以及家人设定的框架和愿景。而现在这个决定，让我觉得自己除了“乖”，还有旺盛的生命力。

所有人都反对的时候，我只能自己对自己说：“周小雨，不要怕，就算无人陪伴，也要独自前行。”

两年之后的现在，我没有像大家预料之中的“迷途知返”，也没有让大人们说：“不听老人言，吃亏在眼前，现在后悔了吧。”而是已经成为了一名五星级酒店的饼房厨师。这其中自然有许多不足为外人道的波折和艰辛，但是，我对于做甜品的热爱依旧。也许这就是一种找到“真爱”的感觉，即使历经磨难，依然可以坚定地走下去。

在此，写下我这一路走来的过程，希望与你分享这两年与美食为伴的大把快活和小小悲伤，或许你也会爱上这份厨房里的喜悦。

目录 / CONTENTS

Chapter 1

厨房里的美好时刻

Chapter 2

不需要安全感就是自由

Chapter 3

这一生怎么过都不对，但进一寸有一寸的欢喜

Chapter 4

偏颇爱你，宽阔爱你

Chapter 1

厨房里的美好时刻

与 所 有 美 好
不 期 而 遇

很多时候，我们对一件东西的感情，在得不到的时候更为浓重。具体表现就是，那一条曾经挂在衣架上的时候还心心念念的小黑裙，被打包进购物袋的时候我已经不喜欢了，有时候爱意甚至短暂到终结于刷卡的那一刻。我把这种生命力极短的喜爱归咎于越来越快的生活方式，就像如今出现的阅后即焚这一类的APP，诞生的初衷就是为了消失。

松浦弥太郎说，人生本应轻装上阵，丢弃不必要的情绪和欲望，留下真正需要的物品，才能换得饱满而轻盈的人生。人和物品的邂逅，和人与人之间的邂逅很相似。东西不必多，因为拥有少许“真正重要的事物”是一种幸福。

对我来说，很难做到这样的断舍离，即使出门去超市买零食也要带一个大包包。装着雨伞、钱包、手机、钥匙、笔记本、日程本、钢笔、Ipad、耳机、购物袋，每一样都无法舍弃。我的房间里也总是堆着许多被妈妈嫌弃为“用不上”的东西。比如读书的时候爱买文具，大大小小的笔记本要集齐每一种图案，即使到毕业也根本用不完那么多，即使是看着一个空白的本子，也会想起当时在文具店里看到，被封面和质感所打动，拿起来抚摸的瞬间，心中都会变得柔软。

也许每个人心里都驻扎着一些可爱又固执的小习惯吧，用来抵御无聊又困顿的日常生活。比如即使身处陌生的城市，一个十几平米的小房间里，也会划出一块阅读区，铺上地毯，点上暖黄的台灯，每天深夜在这里读书入睡，也许这就是在生活的仪式感中诗意地栖居吧，不管是租来的小隔间，还是大房屋。心里有光芒，就可以与所有的美好不期而遇。

周润发爱摄影，拍照要用古董机，交卷要用黑白的，自己冲洗，他说，数码相机虽好，我还是喜爱胶片。而对于我来说，这个秘密花园一般的小角落就是厨房吧。无论是米其林餐厅还是大排档，都比不过自己做饭的快乐。无论是一碗番茄鸡蛋面，还是一盘意大利龙虾烩饭，都值得认真对待。

美食当然还要合适的食器来盛装，所以虽然我在家做饭的次数不多，却偏爱收集厨房里五花八门的餐具。对我来说，做出好吃的食物是一部分，而把食物摆在好看的盘子里，端到餐桌上，也是十分重要的一部分。不仅仅是发个朋友圈而已，还是使人心情愉悦的一种方式，即使有人说这种快乐来得如此浮夸与肤浅。

我家里有很多锅碗瓢盆，比起那些收藏家当然相去甚远，但按照我做饭的频率，已经被我妈归为“又乱花钱买一些占地方又不实用的玩意儿”了。对于女孩子来说，花钱的爱好当然很多很多。可能有时候只是想买件衬衫，后来又忍不住买了一条铅笔裙来搭，照镜子的时候又发现好像还缺一个颜色轻快的夏天感的包包啦，最后，出门之前发现没有同款色号的指甲怎么可以喔。

所以，女人的衣柜里不是永远都缺一件衣服。是缺钱，不然可以买下整个地球。但是因为我现在的职业是需要接触食物的，所以工作时间里就不允许戴首饰，也不能化妆，更不能涂指甲油。这样倒也省了一笔钱，买餐具也就成了我仅有的能够挥霍金钱的爱好了。

朋友们都知道我有这个小爱好，所以哪怕是漂洋过海都会不嫌麻烦地给我带个便当盒做礼物。被人记得是一件很开心的事情，有时候收到一只小碗都会兴奋很久，忍不住做一道菜来马上炫耀一番。

有一次和我爸妈在厦门遛弯儿，传说有一家很神秘的厨房仓库，我就执着地拉着他们两个老人家找了三个小时最后竟然来到了郊区的一片废弃的工厂，老周满脸疑惑地问我是不是被骗了。最后让我淘到了一把小鱼形状的木头饭勺，也觉得一路曲折是值得的。

这些锅碗瓢盆买回来就和我想象中“去太平洋海岛要穿的花花长裙子”“吉卜赛女郎的圆圆圈圈复古项链”“万圣节可以扮

鬼吓人的姨妈色口红”归为同类，大部分时间都躺在柜子里。但是，它们光是一个一个摆在那儿，就已经能让我心生欢喜了。

前天下班的时候已经很晚了，本来想随便煮碗方便面对付算了。走进厨房，瞥见置物架上的这个日本的绿野樱花的小碟，就觉得很适合做一顿和风料理。于是忍不住去把冰箱翻了一遍，煮了一碗乌冬面，卷了青瓜寿司，还有几个豆腐海鲜福袋。

那个雪花小碗因为碗盖很厚实，所以我经常拿来盛粥。一边捧着碗一边看肥皂剧，真的能让人幸福感满格。我还做了酒酿小丸子，因为那天家里没有红枣枸杞了，想起来前几天做饼干还剩了一些蔓越莓，就抓了一把倒进去，也是另一番酸酸甜甜的风味。

厨师大多会有自己的做饭小窍门，其中一个省时间的好习惯是做菜之前先备料，不要等到用的时候临时去找。

把小葱洗净切成小段，新鲜的红尖椒去籽，牛肉改刀成碎末，银耳泡上温水，一个个小碗小碟跟排队一样，整齐码在灶台上，红橙黄绿，整个厨房都好像变得活泼起来。

有一天心血来潮想着自己在家做武汉豆皮，但这个确实还是一件很需要技术含量的事情。所以，此处省略一万字，最后豆皮散……架……了，于是我改成了一碗扬州炒饭。

有人觉得一个人做饭吃饭是一件孤独的事情，但是我觉得在厨房和这些不会说话的锅碗瓢盆相处，也是难得的能够拥有片刻安宁的美妙时光。可以不用寒暄，也无关生活方式和各种生活指南价值观，不管是做健康素食沙拉，还是麻辣小龙虾，对我来说，宗旨总是四个字，开心就好。

甚至味道难吃也并不是一道难以逾越的坎，毕竟对于我们这些不管吃什么都是一边吃一边玩手机的无聊人类来说，沾一身烟火气捣鼓柴米油盐最后还费劲摆盘这个过程本身就足够新鲜和有趣了。

愿你也能找到一块柔软的角落，把爱意和欣喜稳妥安置，与所有的美好不期而遇。

那些厨房里的
美好时刻

不锈钢的奶锅里煮着意大利奶冻，等它沸腾的时间里不想呆呆地望着这口锅，手头上总会做些别的事情，去水池洗几个碗，或者去砧板上揉几个面团，一回头看到锅里煮沸的奶油都要溢出来了，赶紧狂奔过去，一边喊着，哎呀，完了完了，又煮过头了。旁边的人看到了忍不住偷笑，你都第几次忘了关火啦！这样一惊一乍的音符每天都会出现，忙碌的厨房也生机勃勃。

苹果切成厚薄均匀的小片，新鲜草莓对半开，罐头黄桃切成条，开心果剁成绿色的碎粒，水果刀亲吻砧板的声音那么有节奏感，两个人同时切的时候还会暗自较劲，声音更快更均匀一定会为自己的刀工而骄傲得沾沾自喜，毕竟这是一名厨师的基本功啊。

在烤朗姆酒黑加仑饼干时，蹲在烤箱前，把鼻子凑到玻璃门上，闻到从空气里挥发出来的酒精味道，好像还没吃到嘴里就已经醉了。烤箱“叮”的一声，时间到了，赶紧拿出来，来不及等饼干冷却就往口里塞，酥脆酥脆的停不下来，难怪厨师都是大胖子呀。

揉面团是个特别考验手劲的活儿，难怪做面包的都是男孩子。仅仅用酵母、面粉和水，通过调整不同的配方和发酵时间、温度，就可以做出形状和味道千变万化的面包，多么奇妙的一件事情。尤其是看着面团在发酵箱里慢慢膨胀，犹如有生命力，不断成长。切开一根烘焙上好的法棍，可以看到均匀分布的气孔，这个时候嚼着面包的德国人从来不会吝啬自己的赞美，赶紧竖起大拇指比划Wonderful。

走在厨房的储藏室里就像在参观一个宝库，收藏着世界各地的原料和食材。法国的松露、意大利的奶酪、西班牙的火腿、日本的抹茶、俄罗斯的伏特加、新西兰的奇异果、泰国的榴莲，赤橙黄绿青蓝紫，大自然的颜色浓缩在一间屋子里，看得人眼花缭乱。正因为每天接触这些食物，我们描述颜色的方式也很有“味道”，覆盆子红，栗子棕，开心果绿，草莓粉，莲蓉黄，普通的东西也可以活色生香。

任何时候推开厨房的门，都会不禁感叹：好香啊！有刚从烤箱里拿出来的蛋挞，有炒至金黄色的焦糖苹果，有撒上黑胡椒的香料披萨，有吉士酱里的橙子酒，每一样都会有属于自己的特别气味，每天包围着的空气都是甜的，即使疲倦也能会心一笑吧。

如果你问一个厨师最开心的时候是什么？那大概是看着你可以把面前的食物吃完吧，那就是最好的夸奖。

许多人羡慕我，说我实现了梦想，还能够把喜欢的事情当成职业，是一件很完美的事情。但是，当我真正入行，成为一名职业厨师之后，我发现，童话里都是骗人的。不管是过高还是过低的评价，其实大多数人都对甜品师，或者说厨师这一行有很多误解。

首先，不得不承认厨师是一个非常非常辛苦的体力劳动。

以前认为甜品师都是美美地站在那里，装饰蛋糕就好了。其实那只是日常工作里非常微小的一部分。跟大多数朝九晚五的白领的八小时工作不同，我们每天的工作时间都是十五六个小时，最多的时候甚至是要二十多个小时，而且是在厨房里一直站着，所以我们的休息时间很少很少。有人觉得嫁给厨师是一件很幸福的事情，其实并没有，我所认识的大多数厨师回到家里都是不做饭的，因为太累了。

因此，很多厨师都有腰椎、颈椎的职业病，像我就都有，有时候走路还要像个老太婆一样托着后背。所以你看到一些很光鲜的米其林三星主厨，他们每天也是要在厨房站上十几个小时的，所以每天完成工作之后，都痛得腰直不起来。

我问过一些五星酒店的大厨，有没有什么办法可以避免这些职业病啊？他们非常统一地回答四个字：习惯就好。而且，厨房是个“刀光剑影”的地方，因为经常有一些刀伤、烫伤。尤其是在你刚入行的时候，可能每天都要流血。

大家听到厨房，也误以为这是女人的天下。其实不然，这仍然是一个男性主导的领域。世界知名的米其林餐厅主厨都是男性。当然他们在体力上会有一些先天的优势。

很多女生把甜品师当成梦想中的职业，觉得就是挤奶油做饼干啊，很轻松很梦幻，还可以每天吃甜品。当然这一点是没错啦，因为每一样出品我都是要先自己吃一口尝味道的。也因此这一年我胖了十多斤。

但是这些只是我们日常工作非常小的一部分，女生也要扛40斤一袋的面粉，要揉面，还要经常去风房和冻库。风房的温度常年维持在2度左右，而冻库则是零下20度。因为有时候为了制作一些特殊的甜品，我们需要一直站在那个零下20度的冻库里面，双手接触冰块冰水，听上去很酷，其实真的是一件很残酷的事情。

那么，既然这么痛苦，为什么还有那么多人一直坚守着这份职业，并为之付出一生的努力呢？我想，应该是烹饪的魅力。职业的厨师就像厨房里的艺术家，痛并快乐着。家常菜和专业烹饪是不同的，后者会讲究色、香、味、形，整体上的艺术性。

全身心投入一件事情，才让我真正有活着的感觉。

比如："不要往锅里的热油里面加水，这很危险，会被油溅到烫伤。"这是妈妈教我们做菜的时候，第一条基本常识。可是厨师却不同。很多时候他们需要做一些危险动作，就像厨房里的杂技。比如在温度最高的时候加冷水，可以瞬间降温，让食物保持最艳丽的颜色和最鲜嫩的口味。当然这很危险，大家不要轻易尝试。厨师是经过长时间的训练才能驾轻就熟的，就像运动员一样。所以为什么即使拿到某些蛋糕的配方，甚至是秘方，你依然达不到大厨做出来的美味口感。

我觉得食物的关键一部分是原料和配方，更重要的因素是人。也就是这个厨师对温度和时间的掌控。这背后，是日复一日年复一年的练习和积累，也是手工艺行业传统的职人精神。

对于出品非常严格地要求，毫不马虎。

就像我做学徒的时候，刀工练了一个月，每天削土豆皮，切土豆丝、土豆条、土豆片。做泡芙这一样东西，也做了一个月。面团到什么状态是光滑的倒三角形，挤100个泡芙，每一个是不是一样大小。一切达不到要求的东西，都会被扔进垃圾箱，丢掉重做。我永远不会听到完美两个字，永远都是再来一次。所以在端到你面前之前，可能有一百份已经扔掉了。

很多领域都有10000小时定律，就是说如果你专注于某项工作10000个小时，你就可以成为专家。如果按照厨师的工作时间来算，三年就可以达到。但很多大师级的人物都远远超过了这个数，在厨房里五年、十年、二十年。在10000小时的路上，我差不多走了一半，风雨无阻地每天都在厨房至少待10个小时。对我来说，全身心投入一件事情，才让我真正有活着的感觉。

记得有一位前辈对我说，如果你是想赚大钱或者出名，那就入错行了，因为厨师的薪水很低很低，社会地位也不高。能在这一行坚持下来的，唯有不死的热情。因为厨师这一行没有什么捷径或是技巧，就是很朴实的，用你的手艺和实力说话。

作为一个有几百年历史的古老的行业，依然保留着师徒的一种传承关系。无论是手艺，还是对待工作的态度，以及做人的道理。永葆上进心，修行无止尽。因为那份一代一代传下来的职人精神，会包含在食物的味道和记忆里，让吃到食物的人，不仅填饱肚子，也能感到一种温暖的治愈力量。

这也许是厨师最大的幸福感。所以虽然很辛苦，但我对这份工作依然有着狂热的喜爱。我可以4个小时弯着腰就做一个蛋糕，可以一整天在揉面，当我看到面包出炉的那一瞬间，看到巧克力温度变化呈现不同的状态，当我看到食客脸上幸福的表情，他们说真好吃。那一刻，我会觉得，值。作为一个职业厨师，为顾客奉上真正的美食，你会感到，真正的快乐。

日本的寿司之神，小野二郎先生说过，一旦你决定好一份职业，你必须全心投入工作中，必须爱自己的工作，不要有怨言，而是穷尽一生磨练技能。

这是我写的一首小诗，送给每一个不忘初心的你，愿你能与美好不期而遇：

这是信仰的时代，这是怀疑的时代。
这是灰霾的天空，这是小清新的大地。

这是布拉格的寒冬，这是亚平宁的正午。
大雪将村庄掩埋，飞机沉入海底，地壳裂成峡谷。
一切都在发生，一切都从未发生，太阳照常升起。

梦中情人住在遥远的星星上，不是手捧玫瑰的王子，也没有迷人的金色翅膀。
克里希那穆提的预言还在闪闪发光，却不再仰望星空。

这是更大的世界，在穿越时空的枷锁。

这是更真的时代，在拥抱谎言的泡沫。

这是更快的时代，在做着从前慢的美梦。

一生那么短，一眼那么长，

箴言那么多，真心那么少。

这是最好的时代，愿世界与你温柔相待。

这是最坏的时代，愿有人陪你一起穿越黑暗。

当厨师的梦想，
起源于一部动画片

有一次一个电台节目采访，问我：为什么要做厨师呢？

我说，因为小时候是看动画片中华小当家长大的啊。记得大魔术熊猫的麻婆豆腐，记得钢棍解师傅的黄金开口笑，记得好吃到流泪的升龙饺子，总希望自己也能做出会发光也会让人感到幸福的料理。

好女孩进厨房，坏女孩走天下。虽说是一句玩笑话，但是在大家的印象中，在厨房做饭是每一位家庭主妇该有的样子。但是，对于我来说，进厨房就是我走天下的一种方式。

从买菜，切菜，放入锅中，到装盘盛出摆在餐桌上，每一步都令人开心得想转圈圈。

如果把炒菜比作日常生活里的重复劳动的话，那么做甜品就是偶然跳出来的一个轻快音符了。在你烦闷的时候，亲手烤一个简单的Cupcake，可以带给你满满的幸福感。在等待面包出炉的时候，我可以把脸都贴到烤箱的玻璃门上，看面团逐渐膨胀，就像拥有生命力，还有空气里朗姆酒挥发的香甜味道。

有时候会把做好的小饼干小蛋糕装在盒子里，带到公司去和同事一起分享。看到别人一脸幸福表情地吃我做的食物，是一件很开心的事情，也算是满足了自己小小的虚荣心吧。

后来慢慢会做一些更有难度的东西，比如被称为法式甜品代表作的马卡龙。在一次次的失败之后，我反而更有兴趣去钻研这其中的奥妙了。不同的配方，不同的大小形状，不同的温度，甚至是制作时候的天气，都会影响到最终的成品。我渐渐发现，厨师或者甜品师并不是像大家认为的是一件简单重复的体力劳动。当你用心对待的时候，即使是最普通最平凡的食材，也可以做出不一般的美味。

也许是从那时候开始，我就真正想投身于这一项事业之中，学习专业的技艺，而不是仅仅当成一个业余爱好。我想做出更美味并有自己风格的甜品，也能让更多人吃到我做的食物，把这一份快乐和能量通过食物传递下去。

把快乐和能量通过食物传递下去。

厨 房 里 的 快 乐

有时候，每到一个十字路口，都需要一点点勇气去选择，还要一点点坚持一直走下去。既然喜欢，就不要等到“当我老了”。

曾经开会做表格写报告熬几个通宵，现在也会为了做一个八层的标准法式歌剧院蛋糕而弯着腰站上一整天，并没有轻松多少，但我却像打了鸡血一样兴奋。或许这就是做喜爱之事的神奇力量，它可以带给你愉悦和惊喜。

你能看到面团摆上几个小时就会活起来，它是有生命的，从内部开始膨胀，只要加以烘烤就会形成充满细致气穴的面包，那种千变万化的构造令人叹为观止。

在我看来，这也是厨师的一份认真。每种食材都有最美味的理想时刻，同时，处理食材时的温度、力度、时间也要求毫厘不差，就像厨房里的魔术师。

这个时代里，大家都追求更高更快更强，“慢慢来”似乎不是那么正确的处事态度，而“达芬奇画鸡蛋”更是一种逐渐被淡忘的学徒精神。但是烘焙本身就是一件不能着急的事情，需要细心，也更需要耐心。即使你再心急，不到时间总是尝不到好味道。而我，可能还要三年三年再三年，才有资格说自己爱这份工作，并不断为之努力。

当然我并不是一个励志的人，因为我觉得这是一件有意思的事情，并没有那么苦情。做喜欢的事情甚至不需要用坚持二字，就这么自然而然地走过来了。

法式甜品的一项基本功就是做泡芙。师父要求我在烤盘上做出的每一个泡芙大小、形状、厚度都必须是一模一样的，底部直径正负偏差不能超过两毫米，而且必须在规定的时间内完成。因为许多原料从冰箱拿出来之后，在室温下其状态就会发生变化从而影响口感，所以要在最短的时间内完成处理。

就这样，我可能已经挤了成千上万个泡芙了，依然乐此不疲。

即使现在我做出来的甜品还是经常被师父骂达不到标准，但我仍在一次次地尝试。

不期待生活会因为有梦想而对你网开一面，但我觉得，认真和坚持可以。一直觉得厨师怀着喜悦之心做出来的食物会更加美味，那份快乐会通过一蔬一饭传递到食客的味觉神经。

那么，即使不能成为米其林大厨，也可以做一个快乐的胖子。

每 一 个 重 启 时 刻 ，
都 需 要 一 点 点 勇 气

真正迈出第一步时，是如履薄冰。

对于找一份甜品师的工作，我的简历上的每一个字都成了减分项，因为没有经过专业培训也没有任何相关经历。我本科学的是编辑出版和广告学，实习在互联网公司，工作在地产公司，总之就是和烘焙八竿子打不着。曾经一位行政总厨看到我的简历就摇头："你是来玩玩的吧？"

我说："我是认真的，是真心的想从事这一行。"

曾经很多人和我说过，甜品师是他们梦想中的职业，很羡慕我做了他们一直想做的事情。同时他们也说，但是不靠谱呀，既然你以前是记者是编辑是广告策划，谁又会相信你能认真做厨师？

真正的热爱，哪里能被这么一点小困难打倒。

记得，交辞职报告的那一天。我平常都是穿得吊儿郎当的，那次是我最后一次穿着那身黑色西装和一步裙，连胸针都一丝不苟地戴好，站在顶楼大BOSS的办公室门外，足足站了半个小时。因为我知道走进去了，就没有回头路了。

领导说，你想清楚，我可以给你调整部门调整城市。

我把辞职报告调过头，再次放到她面前。说，我想好了。

她笑了，对我说，加油。

她是一位我非常尊敬的女上司。

非常矫情的是，当我转过头走出那间办公室就哭了。我在心里对自己说，周小雨，你要加油啊，以后要有脸回来见她啊！

然后我开始找甜品师的工作，那位行政总厨拒绝我的简历之后，我从广州飞到武汉，然后就住在那家酒店旁边，托朋友找到饼房厨师长的联系方式，当然结果是再一次被拒绝。那时候，我只觉得这个世界对我太不友善了，为什么我会四处碰壁呢？

在回广州的前一天，我决定自己去酒店厨房试一试。可是酒店的后厨哪是那么容易进去的呢？我又没有厨师长的私人联系方式。于是，我发挥自己的“小聪明”，找到西餐厅，问他们能不能和饼房老大谈谈。他们说，只有饼房的内线电话，厨师长也不随便接待外人。

无奈地走出酒店，突然下起了雨，我矫情地觉得老天都在为我难过，也许那是命运的一个转折点吧。如果当时就这样回广州

了，我可能会继续找一份安稳的工作，在某一间摩天大楼的一个小格子间里坐着。

一转头，又走了进去。我在心里轻轻对自己说，周小雨，不要怕，要加油啊。也许那是我人生中走起来最艰难的一步，难到我需要拿出所有的力气去赌一次。

去酒店厨房是要走员工通道的，而员工通道又是要刷卡进入的，客梯没有按钮去负一楼。

当时我又耍了次小聪明，“尾随”一名服务员进入了负一楼，现在看来都有点像间谍，当时我也确实很紧张，心惊胆战的，因为旁边的人都穿了工作服，只有我一个人看起来格格不入，深怕被摄影头发现，然后把我拖出去。还好在被保安发现之前，按照指示牌找到了饼房。里面有两个穿着厨师服的女生在炸甜甜圈，我趴在门口的窗户上，心里真的好羡慕，好希望此刻我也能站在里面一起做蛋糕。

又为自己鼓了一把劲，才敢推开门走进去。当时厨房里的所有人看到我都惊呆了，仿佛看着一个外星人。我也很窘迫，不知道开场白该从何说起。最后，词不达意地说，我想来这里工作，可以找厨师长面试我吗？然后如同推销员一般，从书包里拿出我的简历。

现在回想起那个场景，自己真的是很傻很楞，说起来都要被同行们嘲笑。如果换做现在，在我做蛋糕的时候，忽然闯进来一个人说想来这里工作，我也会觉得不可思议。

也许是无知者无畏吧，当你什么都不了解的时候，反而更愿意去试一把。

好在当时在场的厨师都很热心，马上帮着我打厨师长的电话。他走进厨房看到我眼珠子都快掉下来了，一直问，你是怎么进来的？我说，我就这么走进来的啊。我就是那个给你发过简历的周小雨，我只是想证明给你看，我不是开玩笑的，我是真的想学这一行。哪怕从学徒做起也可以。

厨师长拿着简历就说，你是武汉大学的啊？那也太不靠谱了。这一行很辛苦的，工资又低，你坚持不了多久就会走的。

我不依不饶地说，不会的，我一定会坚持下去。虽然我不是厨师学校毕业的，但是我也会做一些简单的甜品，我会很认真地学的。

或许是被我感动了吧，厨师长终于松口了，对我说，你去人事部报道吧。

那一刻，我转过身就哭了，就像那天的雨一样。哪怕是现在我坐在电脑前，回忆起当时写下这段文字，依然忍不住哭了。也许真的是，只要你真心想做某一件事，全世界都会为你让路吧。

不要自我感动，
要用实力证明自己

一年之后，我再次站在另一家五星酒店的门口，终于可以绝口不提任何梦想、情怀，或是喜欢这类字眼，转身进厨房就做了一道甜品出来，Chef说的不再是“你不靠谱”。而是：“可以嘛，小姑娘，文武双全。”

走出来时我再次哭了。为了这一刻，我一个人走了好久好久好久。以至于面试通过后去报到的时候，兴奋得一大早就把铭牌的照片发微信骚扰好朋友们，他们都说，恭喜你，要加油啊，以后别跟傻子一样这么爱哭。

当你稍微能够用一点点实力说话的时候，就会觉得之前只能靠诚意去感动别人是多么糟糕的一种体验。这年头说喜欢谈梦想唱情怀太容易了，零成本，就跟说“亲爱的我爱你”一样张口就来，带着闪闪发光的廉价感。梦想那么妖冶，又那么锋利，我们在不知所措中就想逃亡，逃向功名，或者利禄，或者求功名利禄而不得的怨恨。

曾经连开水都不敢倒怕烫伤的我，现在敢把我伸到200度的烤箱里，也敢去零下20度的冰库里徒手抓冰块。曾经连刀都不碰什么都不会做的我，现在也能把每一种水果都切成厚薄均匀的任意形状，当然手上也累积了许多伤疤，有烫伤的，有割伤的，有烧伤的，还有冻伤的。

曾经我也是那个一身公主病什么家务活都不会干的熊孩子，现在每天洗一百多个碗，推着两米高的层架车从餐厅和厨房之间来来回回，每天5点就起床，站着工作15个小时，下班的时候累得连腰都直不起来。终于理解了当时拦着我的前辈，都说厨房的工作太辛苦，不适合女孩子。

我也终于亲身体会到这其中的艰辛。有多辛苦呢？就是累到连哭的力气都没有，每天回家都只想马上躺下睡觉。也许一两个星期还容易承受，可是长年累月下来，真是一条漫长的看不到尽头的路。

和私人工作室或者小店不同，五星级酒店在出品上有很严格的要求，每天除了固定的宴会、自助餐、行政酒楼、西餐厅的甜品要做，还会有茶歇、生日蛋糕、婚礼蛋糕等等。一些VIP客人或者明星入住的时候，还会有特别的制作要求。有时候几百人的西式套餐宴会，就跟打仗一样，要保证在规定的时间全部完成，不能太早否则甜品会失去最好的口感，也不能太晚，不然客人会有不好的用餐体验，而且每一道都要小心翼翼不能有任何差错。

对于厨师来说，每一天都是一场考验，要在巨大的压力下工作。而且厨师长一般都要求很严格，关注每一个细节：发酵时间是否足够，烤面包的温度是否合适，奶油搅拌的时间是否刚好到七分，切蛋糕的刀口是否呈直角，薄荷叶是否新鲜。任何一个错误，或者是失误，都会被骂。所以这就是我在前面所说的，一般酒店是不接受没有经过专业培训的人，因为新人往往无法承受这样的压力，也通不过考验。

后来也有一些因为热爱而加入的女生，几乎没有一个通过试用期。有的是自己受不了这样的辛苦，有的是厨师长觉得能力无法胜任。热爱不难，但是一直爱下去就很难了。

记得有一次Chef说我的糖没有煮好，温度计只到了120度，还差5度，以及各种失误，导致所有成品都要倒掉重新来一遍，就这样一个很简单的提拉米苏我做了6个小时。那天加班到凌晨两点，只剩下我一个人在厨房里，同时开着四台烤箱做马卡龙。

曾在法国蓝带学习甜品的朋友Yisha说她刚开始的时候，晚上一下班推开厨房的门就瞬间泪崩。我看到这句话真的感同身受。很多次，我都觉得这份工作真的太累了，超过了我之前嚷嚷着自己是加班狗的工作的两倍。一开始的热情，仿佛都被这种辛苦消磨殆尽了，甚至开始怀疑自己的选择。

可是，那天晚上，我一个人在厨房，看着桌上的锅碗瓢盆、砧板、厨师刀、草莓、开心果仁、百利甜酒，每一样都那么可爱。

那一刻，我觉得，自己还是爱的。

前几天，Chef破天荒地表扬了我。后来还一脸嫌弃地说："小雨你为什么这么爱哭，我骂你也哭，现在表扬你，怎么还是哭？"

其实美食行业的鄙视链是很严重的，顾客觉得再好吃的东西，厨师之间可能互相都不服。所以要在厨房里赢得主厨的信任，并不是一件容易的事情。要知道，以前他每天都能骂我一百次。

就像今天他神情严肃的对新来的实习生说："如果你再没有进步，这样的水平，恐怕无法通过试用期了。"看着下班的时候那个灰头土脸、在更衣室偷偷掉眼泪的小女生，就像看到了一年前的自己。慌慌张张手忙脚乱做什么都是错，煮个焦糖能烧得烟雾弥漫把警报器都弄响了，融一袋巧克力都能把操作台烫坏，做慕斯忘记放吉利丁，切蛋糕有斜刀基本功统统不过关。

我也像曾经指点过我的前辈们一样，告诉她：要习惯，要忍让，要手艺精进。我不知道她还会不会在这条路上走下去，但总是要有一段难熬的日子吧，哪一行都是一样。

我曾经写过一句话：生活的运行机制总是向下兼容的，就像Word 2007 能打开2003，反之则不行。这是一件挺残酷的事情。不必拿自己的人生去验证任何一种主义和情怀，也别拿不作为当作不负责任的借口。一个人能做喜欢的、擅长的、有回报的，三者重合的事情，当然是最大的幸运。

但三者取其任何之一的活法都是“为了更好地活下去”。

我每天醒来都得提着一口气，不然这一天就会很垮。人生的起伏或许也和春夏秋冬四季更替的轨迹不谋而合。打鸡血时飚到峰值，瘫倒在沙发上又跌回谷底，每天都是好运气和坏运气的交替，“再拼一把”和“就这样吧”之间来回摆动。

曾经一位北京的某家非常有名的酒店的行政总厨过来交流，本来也就是站着指挥一下我们的事情。但是他每一天都比我去厨房要早，站的时间比我久，还能保持充沛的精力，以及对每一件蛋糕出品拥有绝对的耐心和细心。

他对我说，谁不累啊，人活着就是累。

一条少有人走的路，
也算是风景独美

在我进入烘焙这一行当学徒的半年里，依旧像广告狗的日子一样累。完全不是像小女生幻想的那样，在透明玻璃的小清新厨房里，做一份甜蜜梦幻轻松的工作。

以前我会随身带一大把创口贴，因为穿高跟鞋会把脚跟磨破。现在依旧是，因为在厨房里用各种很锋利的刀具，一不小心就会割到手，或者出现其他的烫伤。

以前我有很严重的胃病，严重到胃出血，因为经常加班不按时吃饭。现在依旧是，而且因为每天都站着，弯腰，所以病历本上又加了一个颈椎病和肩周炎。即使你在生理期，即使是在南方的寒冬里，依然要端着一大块刚从零下十八度的冷冻柜里拿出来的慕斯，做各种装饰处理。

但是我现在可以非常平静，不带一丝怨气地和你说这些。而且从未想过辞职或者放弃这件事情。并且，不是用坚持这个字，因为我觉得喜欢，哪里需要坚持呢，就是自然而然地一直做下来了。

这两年来的每一天，我都在厨房待10个小时以上，从未间断。大家常说的一万小时定律，我可能已经完成一半了。作为一个典型的天秤座，我一直是懒癌+拖延症晚期。这是嘴上说说，心里真正的缘由大概是因为我总喜欢给自己留有余地，不想那么用力地活着。比起努力二字，我觉得聪明更加值得赞美。

但是现在，我觉得这是我活了二十多年以来，最打鸡血的一段时光吧。

一方面是这是自己选的路，即使穷也穷得开心。另一方面是承担这种选择的后果，需要让父母看到我是靠谱而认真地在做这件事，并且可以养活我自己。所以，从一个烘焙爱好者起步，也许我需要比专业出身的选手付出更多的时间。其实我在这方面算不上有天分，因为没有灵敏的嗅觉和味觉，也不是出身烹饪世家，只能靠后天训练。比如想要有炫酷的刀工，就踏踏实实地切土豆丝土豆条土豆片来日复一日地练习。

很多人问我为什么有勇气这么做。

我有时候会想起中国好声音舞台上那些从小被家里反对，然而高考时毅然决然地考音乐学院或是去酒吧做驻唱的歌手。我跟父母说起我要辞职做厨子的时候，差不多也是这种感觉。但不同的是，我的父母更加不能理解，当厨子是图个什么。

成为一个歌手，你会成为在舞台上被众人仰望的人，会有追光和掌声，会有声望、地位和财富。但厨师不同，即使你再出色，依旧是在厨房里拿着菜刀切菜，不会成为所谓的中产阶级。会有人因为一首歌而记住一个歌手，但很少有人会因为一道菜而记住一个厨师。更不会像那些选手说的，享受在舞台上的感觉。厨师这一辈子也许都是默默无闻的，每天做同一件事情。拥有一家米其林餐厅或是成为米其林大厨，也许就是终极荣誉了，但能做到的，真的是少之又少。

我妈妈说："你比别人的叛逆期来得晚一点。"

大概因为我是一路重点中学实验班走过来的，你都可以想象，应该是什么样子。我说出这个决定的时候，需要担着更重的心理压力。在漫长的二十多年里，听过许多夸奖，但我知道大多数是出于客气，而不是真心。比如，你家孩子好听话啊，你成绩真好，分数真高。

但是，现在，我收到了许多陌生人的鼓励，哪怕只是加油二字。有个人说，看了我写的文章下面大家将近两千条的评论，善意得让人难以置信。

在此之前，我有心理准备，在完全开放和可以匿名的网络环境下，会有很多质疑或者不友好的声音。然而，那些并没有出现。所以，我对每一份支持，都是非常虔诚的，心怀感激的，因为他们本可以不这么做。而且许多人留下了很长很长的一段话，大概是把自己还未实现的心愿寄托到我身上了。

我开了“小雨厨房”这个公众号之后，会有人写几千字的故事与我分享，让我觉得，有很多人和我站在一起。

认识了许多朋友，有酒店的厨师，有给男朋友做蛋糕的美少女，有自己开拉面馆的辣妈，感谢许多人与我分享他们的经历。

美好又温柔可爱的事物那么多，就算是为了它们跑着活下半辈子，好像还是不够用呢。希望自己可以成为战斗力Max的少女，去拥抱它们。

Chapter 2

不需要安全感就是自由

漫长的“小时候”，我就是那个“别人家小孩”

虽然我现在发一张早餐图片就能收获几千个赞，但是你可能不会相信，在我读大学之前，连蛋炒饭都不会做，14岁之前，连开水都没有自己烧过。算得上是传说中的生活低能儿了。

倒不是因为不爱下厨房，而是妈妈怕我笨手笨脚会被热油溅到，被锅炉烫伤，被刀具划伤，总之，我被保护得严严实实，最夸张的是，连开水都没有自己倒过。

因为擅自去碰开水瓶这么一件小事都被定义为犯错的行为。在父母反复强调之下，我脑海中就认定了“哦，要乖。万一把水瓶打翻了爸爸妈妈就不开心了”，而不是“我要试一试，怎么在保护自己的情况下把水倒出来”。

类似的雷区还有很多，比如不要和老师有不同的意见，不要放学在路上玩，不要爱漂亮，不要玩游戏机，不要晚归，一切一切。当然，我知道父母的出发点是善意的，爱的一种表现形式就是保护，然而爱的裹挟有时候也会成为甜蜜的负担。

我的成长经历就是一个听话小朋友的标准成长轨迹。可是，懂事的孩子其实童年过得并不开心。要遵守规则，要吃小一点的梨，要在意别人的感受，过早地学会察言观色，揣测大人的心意。

大人们一旦给你贴上了懂事、省心、成绩好、善解人意这些标签之后，你自己也会把自己往那个行为模式里去套。就像星座运势总爱说金牛座拜金、处女座洁癖、射手座花心、天秤座选择恐惧，你很容易变得越来越像同道大叔漫画里的模板。

有次逛街的时候，一眼瞥到旁边的小女生，穿着吊带黑裙在穿衣镜前转了一圈，没有化妆，也美得毫不费力。

她拽着那根细腰带，小心翼翼地问身边的人："好看吗？"

"好看是好看，只是这裙子太成熟了，不适合你。你还没到穿它的年纪。" 不用猜也知道这个人是她的妈妈。

小女生眼里的光一下子黯淡下来，嘟着嘴走进更衣室，换回大嘴猴图案的T恤和短裤。

可能她也在某一本时尚杂志上看过那句话：每个女人的衣柜里都要有一条小黑裙。可能她也在心里小声地说了一句："可是我真的好喜欢啊。"

那张失落的脸好熟悉，就像看到了十年前的自己。你要努力活成别人要求你的样子：要文静乖巧，嘴巴甜三观正，不要化妆要保持自然美，不要爱慕虚荣要心如止水，最好是名校加持一路读到博士，手握一沓等级证书。

失去了一条裙子，换来听话懂事的好名声，在青春期里，或许是一笔无奈的划算买卖。至少躲过了许多不必要的争执，也避免成为多年后被翻出来的年少轻狂无理取闹的佐证。只是，那些被镇压的小心愿，总要在成年之后一个个地加倍找补回来。

就像小时候被勒令不许涂指甲油，长大了钱包里随时能掏出几张美甲VIP卡。小时候不许穿白衣服太容易弄脏，长大了衣柜里从衬衫到T恤清一色的白。

我妈昨天来收拾我狗窝一样的房间的时候，我一边坐在地上写稿，一边看着她把我的衣服一件一件抖开，再折好放进密封袋里。

“搞不懂你为什么要长袖配短裤，这样穿不会感冒吗？”

“起码有十条裙子我都没见你穿过，就知道乱花钱。”

“这高跟鞋也太高了吧，你穿了不会崴脚吗？”

你看，小到衣柜鞋柜，大到人生方向，父母从不会轻易交出手里的控制权。讨大人喜欢的那一款小朋友向来有迹可循，总是年少时成绩稳定，长大了工作稳定，最后配偶稳定。

看到过这样一段话：“学生时代叛逆得张牙舞爪的女生，多年以后往往也是最早从良的。那种叛逆模式被大家熟悉，也容易消解。而另一种叛逆，不动声色，孤独中生长，时间未能磨平，乃至要用漫长的一生来实现某种模糊的对抗。”

读书时瞒着父母偷偷暗恋隔壁班的男生，害怕背上因早恋而影响成绩的罪名；现在也瞒着父母偷偷推掉周末的相亲见面，还要再承担一轮老了就嫁不出去的非议。

岁月易逝，代沟永存。

当年的那一股叛逆劲儿伴随着新一轮不可调和的矛盾卷土重来。大人总爱说：“小孩子啊，越长大越不听话，还是两三岁的时候最可爱。”可是，真正脱胎换骨的成长并不是来自于“从小听话”的服从，而是独自与这个世界对抗的勇气，自己承担责任的能力，活得开阔的格局。

好不容易熬到经济独立，可以自己买衣服了。可是，该怎么赚钱，在哪儿赚钱又是一道坎。关于职业的选择，父母总是比我们自己更加遵循钱多事少离家近的原则。到底留在西时区的资本主义世界里？还是重返北上广？又或者回到小城去？始终是围绕在当代新青年们心中的一道谜题，也是成年之后再来一次叛逆的星星之火。

我在读大二的时候，因为喜欢广告，所以又修了第二专业。第二年暑期实习，我接到了北京奥美公司的电话，竟然激动得一整晚都没有睡着。对于学生时代的我来说，那是殿堂一

生活是要快活，也要有力量，

而力量要向内寻找。

般的存在。

但是当我告诉我妈这个消息的时候，她并没有感到任何开心，而是问我："这是什么不靠谱的公司，名字都没听说过，你不要被骗了，还是好好考研以后当公务员。"第二天，我难过得哭了一整晚。

类似这样的冲突还有很多，在自己眼里光芒万丈的一切到了父母的观念里就一文不值。

记得《大河恋》里面有这样一句台词："事实上我们很少能够帮助我们的亲人。不是我们不知道该给予什么，而是，我们所给予的，并不是他们真正需要的。这就是为什么他们与我们如此亲近，却又如此疏远。"

越是企图控制，有时候越是事与愿违。

比如我妈妈打小就不让我进厨房，最后我却成了一名职业厨师。

比如她不让我倒开水，现在右手手臂上却集齐了刀伤、烫伤，还有做巧克力时用快速制冷剂造成的冻伤。

比如她不让我单独出去玩，现在的我却一个人走遍了一百多个城市。小时候内向不敢和人说话，现在各地方言我都能来几句。

对于我来说，成长最快的几年，是离家最远的几年。没有人保护，于是终于自己学会了生存，也明白了一些深深浅浅的道理。不是白纸黑字的箴言，而是横冲直撞的痕迹刻在心里。叛逆得足够彻底，有时候反而能够理解父母的苦衷。

当我独自走在沙漠里，当我身处荒郊野岭坐了一辆黑车，当我执迷不悔跌得样子难看，心有余悸地反思这一路莽撞，自己受过苦吃过亏，才能笑着摆摆手说，too naive啊。

他们以自己的见识和经验，劝诫我们少走一些弯路。就像大人眼中的最佳职业总是老师，因为可以永远留在校园的纯真环境里，不必参与勾心斗角的剧情。

可是我们都是傲慢又傲娇的年轻人，相信弯路上也有风景，根本不介意日夜兼程地赶路。生活是要快活，也要有力量，而力量要向内寻找。

懂事并不能保护你一辈子顺遂如意，也不能解决所有的焦虑和危机。直面人生的真相往往要从独立开始。

毕业之后，
学会做一个横冲直撞的勇敢少女

世界就像巨大的马戏团，它让你兴奋，却让我惶恐。因为我知道，散场之后永远是：有限温存，无限心酸。

昨天凌晨1点，小扣扣发微信跟我说她才下班，然后吐槽了一下她跳槽之后的疯狂加班模式。虽然她说的专业名词我一个都没听懂，但我就像看到以前的自己一样熟悉。

今天下班路上，又接到了W公司一个朋友的电话，跟我说起他为人两肋插刀却被背后捅刀的故事，虽然我也没搞清楚ABCD那些复杂的人物关系，但我对他那即将吐血的心情感同身受。

我们这些毕业两三年，刚从校园里走出来的年轻人，总要从温柔的良辰美景中醒过来，从父母的360度保护中走出来，经历一番残酷难熬的日子，才开始认清生活的真相，才能成为真正独立的个体。

毕业后的第一年，我就因为出差飞了40000多公里，每一个周末都在加班，每一个节日都在出差，甚至从来没有见过阳光照耀着的广州黄埔大道。在我们部门，你几乎可以在任何一个人的抽屉里找到胃药，因为实在是太不按时吃饭了，随便开个会就到了下午两点，再开个会，已经是凌晨两点。

你也能在任何一个女生的包包里找到创口贴，因为要用来贴被高跟鞋磨出血的血泡。如果电梯坏了，为了赶时间，我们随时可以穿着高跟鞋从40楼走下来。所以，即使现在穿了几个月平底鞋，我的脚后跟依然有两道醒目的疤。就算今天分手了失恋了，喝个痛快哭个通宵，第二天一早画上眼线还是精神抖擞地准时出现在会议室里和你讨论每一个方案。

我是做地产广告的，除了日常的文案、设计、媒体排期这些事情，同时要和投资部门一起全国各地跑，做拿地评估调研。我们总是调侃自己可以随时来一场说走就走的旅行，当你刚准备下班回家的时候，也许手机里就突然收到出票短信，明天早上最早的航班飞去乌鲁木齐。有时候经常去到连名字都没听过的三线城市出差，没有朋友可以帮忙，自己打开手机里的地图APP就到深山老林里去了。

或许这是一种不近人情的磨练，或许也是不可或缺的人生经历。汤唯曾主演过的一部电影《华丽上班族》，它所呈现的世界如同一个巨大的马戏团，每个人都在倾其一生地旋转。

这里，不是每一个富二代都只会吃喝玩乐的。他们拿着哈弗商学院履历，在你还没听清楚上司说什么的时候，他们已经翻译完成了一封漂亮的全英文e-mail。

这里，不是每一个胸大的女人都是没头脑的。她们不仅身姿曼妙，优雅迷人，还能像女战士一样带着智慧和魄力赢得谈判。

这里，不是每一个职场新人都是愣头青。他们能一次记清楚所有的规则，也不会出现把咖啡撒到Boss衬衫上的狗血桥段。

相比杜拉拉升职记，你看到的更像是一个真实的世界。

并不是歌颂弱肉强食的森林法则，只是让人从写给成年人的童话故事中醒来。不要轻易成为一个愤怒的年轻人，无论是因为爱情还是因为梦想。

我还记得自己刚进公司的第一个月，就像得了狂躁症一样，充满焦虑与抱怨。无法忍受漫长的加班，超负荷的压力，以及无趣的重复工作。每天都有一万次想辞职走人的冲动。

而我觉得成长往往是要付出代价的。人常常都不是一天一天滴水石穿地长大，而是某一个瞬间，电光火石地就长大了。有的人幸运，是因为温暖人心的鸡汤事件，有的人倒霉，是因为乱七八糟的狗血经历。

也许有一天也会觉得，不是工作糟糕，而是自己不够好。越接近于权力中心的时候，才会看到这个游戏的迷人之处。也许并不是游戏不好玩，只是没有拿到入场券。

我现在再回过头去看，不管在什么公司什么职位，都会有这样一段更年期，那是从美好的校园里走出来之后，重新遇见自己的一段路，每个人都要独自走过。

有时候我们会偏向另一个极端，认为环游世界、当画家、开咖啡馆才酷炫，才是人生赢家，所以越来越多的人辞职，刻意回避体制与传统，因为要看世界。

而我觉得正因为“不同”，世界才美妙。居庙堂之高，或是处江湖之远，都是不同的生命形态。

运筹帷幄是一种能力，闲云野鹤又是另外一种。

在广州有一种凉茶，叫做癍痧。我第一次喝的时候，感觉全世界的苦都倒在那一小杯里被我喝下去了。但是，它对治疗上火有奇效。每次买凉茶的时候老板会送你一颗糖，是喝完凉茶之后吃的，我觉得那是世界上最好吃的糖，比马卡龙还要甜。

后来我总是把喝癍痧当成一件很有仪式感的事情，要特地走到天河南二路那家店，看着凉茶铺老板从铁壶里倒出一塑料瓶，然后被我一口气喝掉。那种感觉就像自虐，明知道很苦，可是知道忍一忍就过去了，一想到第二天脸上的痘痘立马消失也会很开心。

所以，当你接受人生的剧情设定是Hard模式之后，一点点的温情、温柔、温存都让人觉得倍加珍贵。

因此更加感谢每一个人对你的好， 因为他们本可以不这么做。也更加感谢生活中的每一点欢愉，因为人生本就如此艰难。

命运是位置的相对

前几天，一个我不认识的女生突然给我留言说谢谢我陪她作弊，当年考试的时候没有挡住试卷，让她抄了答案。

我匪夷所思，她是谁?

聊了几句才想起来，读高中的时候，有一次月考，她坐在我前面，回头偷偷瞄了一眼我的试卷，正好是数学考试选择题部分，所以答案很方便抄。我也没有挡的意思，大概是觉得看就看吧，没什么好遮的，更没想过举手告诉老师这种事。于是她更加有恃无恐，除了最后的解答题过程，几乎抄了一整张试卷。现在想起来，当时我也算是一种舞弊行为，被抓到的话，也要被学校记大过。

她是怎样一个女生呢?

虽然我们不认识，但是每个学校每个年级，总有那么几个风云人物。要不就是奥数冠军保送清华北大，要不就是打架在行呼风唤雨，她应该属于后者，长相清秀、一头红发的“小太妹”。

她说，那次考试也许改变了她的轨迹。她第一次考了他们班前十名，第一次被老师表扬，第一次在大家的掌声中到讲台上把自己的试卷拿下来。

很庆幸，她的老师不是电影《我的少女时代》里那个变态的教导主任，只要学生超水平发挥就怀疑是作弊，当然她确实是作弊了。

她说，以前在她眼里，那些“好学生”都是只会给老师告状的阴险小人，好学生都是书呆子，好学生都不会真心诚意地帮他们（那时候所谓帮，就是给他们抄答案吧）。所以，这次的经历让她有些受宠若惊。每次考试都是全年级打乱随机分配考场和座位的，为了把这个谎圆下去，也为了不让自己失了面子，她真的开始认真听课，认真看书，认真做题，发现搞搞学习也没有那么烦人，没有那么面目可憎。

第二次月考，虽然名次不是前十，但她也拿到了一个不错的分数。

对于一个从小就过得一板一眼中规中矩的人来说，考试的起起伏伏也不过就是那么前后十名的事情。大惊小怪、大呼小叫地告诉全世界，我发挥失常了、裸考了、作文写偏题了，不过是提前为自己找个台阶下。证明自己是没复习、没看书，随意考考，生死有命富贵在天，考成这样也是天资聪颖。就像一个微微胖的人，发张照片说最近“纵欲过度”长胖了，其实也不过是希望别人说，哎呀，你不胖啦。

但是，对一个每天打架、找低年级同学收保护费、跟老师抬杠、标榜特立独行蔑视权威看不起精英价值的人来说，突然看了一眼她嫌弃的世界的样子，发现，咦，没有那么面目可憎，是不是我也可以来玩一下？

不敢说我这么一个微小的陪她作弊的行为产生了至关重要的蝴蝶效应，但她后来确实和她当年拜把子小姐妹们走了不一样的路。现在在一家世界500强企业做HR。

当然，如果没那么一下，她说不定会当个富太太可以每天晒方向盘。

但是，每一种人生都是自己的体验，说感同身受是不可能的。就比如当时她的老师说，你要好好读书努力奋斗，才能考个好大学，才能找个好工作，出人头地。

当时的那个自己，一定会想，who cares？子非鱼焉知鱼之乐？你怎么知道我每天当老大替小弟出头，吊打小人，江湖名号响当当的快感？我干吗要死读书，干吗要奋斗？

但当你亲身体验了某一种境况的时候，才会真实地体会到自己究竟想要什么。

如果一路坦途也将到彼岸，为什么我们要翻山越岭？一种是必须做，“have to do sth.”一种也是必须做，“must do sth.”。

前者是被动的，因家境困窘、父辈债务等一切不幸的生活所迫，你不得不努力，改变自己的命运和阶级。后者是主动的，因为梦想、情怀、自我实现，即使可以坐拥财富还是要走一遍弯路，跌跌撞撞披荆斩棘，摸着象征光荣的伤疤享受山顶的风景。

或者，我们换个解题思路。为什么全世界都知道“管住嘴，迈开腿”就能瘦，这世上还是有那么多死胖子（比如我）？因为做到这两点真的很难啊！有的人要提如何才能长胖这种欠打的问题，有的人喝水都长胖啊。有的人选择严格的自我管理，兢兢业业地计算，消耗热量必须大于摄入热量，身材必须向维密天使看齐。有的人选择人生苦短及时行乐该吃就吃，没有马甲线就做个美食家也逍遥快活。退一万步讲，唐朝还以胖为美呢。

所以，我得出了以下的体会：

一、努力不一定可以成功，但不努力一定很轻松。所以，很多人会放弃那条艰难的路，过一个稳健的人生，这也是大多数人的选择。但是大家都选了这条路，路上就拥堵起来了，比如每年那么多报国考的人，他们就是不努力的吗？不，他们也在过五关斩六将地去走他们的人生啊。

二、幸福和不幸都是互相转化的。站着把钱赚了，家庭事业兼顾，都是双赢的理想状态。有的人觉得意气风发地到纳斯达克敲钟的人，背后一定是妻离子散；有的人觉得晒包晒娃晒泰迪的人，就一定是有胸但无大志的锥子脸网红。但是，不管是加班到看着凌晨四点的五道口，还是断食减肥到两眼发黑，也同样是走了一段艰辛的路。我们看到的都是光鲜的一面，是因为那些咬牙切齿、独自前行的背影都随着漫漫冬夜里的寒风消散殆尽了啊。

也许是小时候把人生想得太过简单，认为那些人生巅峰和狗血剧情都一并交给主角光环明星就好，自己扮演好群演路人的角色每天上班下班，过着喝可乐看烟花吃火锅的小日子就足矣。没想到长大以后，也要想那么多烦心事，出轨八卦奋斗背叛创业破产捅刀子种种悲欢离合，说不定样样都会遇到。

不信再把小学一年级写的“我的理想”那篇作文翻出来看看，你一定会想这都写的是些什么鬼？

少女的1/4
人生危机

人总是要到危机时刻，才开始思考什么才是生命中更重要的事情。

记得是今年3月1号，我坐在成都双流机场，心情极其难过，因为所有倒霉事都一起发生了，那种感觉就是觉得自己的人生都已经一团糟到无法挽救了。

雪上加霜的是，那天成都在下暴雨，航班大面积延误，有几千人滞留在机场，什么时候能飞回去似乎遥遥无期了。世界上最令人绝望的一句话，应该有“很抱歉地通知您，您的航班暂无起飞信息”这句话吧。

当时，我的耳机里播放着陈奕迅的《岁月如歌》，似乎特别应景：天气不似预期，但要走总要飞。

我焦躁地不断用手机刷新着天气和最新航班信息，愤怒得就像一个即将爆炸的球，谁靠近我都能吵一架。终于，在机场等了6个小时之后可以起飞了。然而飞机还在上升气流层的时候就开始异常颠簸，空中电闪雷鸣一片乌云，广播里也传来安抚乘客情绪的信息。

我开始坐立不安，难道我已经倒霉到连飞机失事都遇上了吗？！身边一片混乱，飞机颠得越来越厉害，我已经开始回顾人生了。

按照正常的人类寿命来算，我现在才过1/4啊。我还有那么多好吃的没有去吃，存了那么多集美剧没有看，攒了那么多情话没有说，甚至现在连个电话都不能打，后事都没法交待，我怎么能就这么出现在第二天报纸上的空难名单上呢。

在我思考还有什么遗憾的事情时，飞机在上空盘旋了很久又飞回了成都机场，如同一个笑话。但这时我已经没有了任何抱怨，哪怕让我再等三天三夜都行，连机场98块钱一碗一块牛肉都没有的红烧牛肉面都觉得好吃到哭。

再次坐在候机室的时候，我才反应过来，还有什么比死亡更绝望和无助的事情呢？

原来我的人生都已经过去1/4了，在那些逝去的时间里，我到底做了什么，是不是所有的日子都拿来不开心和不痛快了。

电视里每天都报道世界上发生的那么多灾难或是意外，每天能够好好活着都是一件值得感恩的事情啊。

昨天晚上和高老师做一个访谈节目，他问我，你理想状态的一天是怎样？

我说，我现在已经趋近于我的理想状态了。大概就是做饭的时间好好做饭，在不做饭的时间想着怎么把饭做好。或许再往后反而就会走下坡路，但至少我找到了与这个世界相处的方式。

好友门门也问我，你每天花多少时间用来社交啊？

我说我现在每天不用为了社交而社交，也不用说不想说的话，所以这是一件比较惬意的事情。

或许是这份类似工匠的工作，让我不必过多与人打交道，专注地完成手上的事情就够了，因此可以回到更加真实和真诚的样子。做自己就好，没必要和世界上的每一个人成为朋友，也没有必要让所有人都喜欢自己。

因为讨好所有人实在是一件很浪费时间的事情。

是从什么时候开始觉得时间过得变快的呢？

不是在看到名人名言，说人生只有三万天，要珍惜光阴好好学习的时候，也不是那个在纸上画30X30小格子的游戏，来证明生命只有900个月的时候。

对我来说，是自己体感时间好像越来越快了。能够真真切切感受到，啊，一天这么快就过完了，一年的一大半就这么过完了，一眨眼就要奔三了。

于是我渐渐明白，珍惜时间的方法不只是提前一个小时起床，还有很多。

YOU ARE WHAT YOU
ENJOY

比如，对喜爱的人表达爱意，对讨厌的人表达讨厌。因为我们浪费了太多时间，在喜欢的人面前隐藏爱意，在讨厌的人面前假装友善，一边虚伪地微笑，一边在心里翻一万个白眼。

或许当你逐渐与某个圈子渐行渐远的时候，有人会说你变了。其实没有什么好否认和避讳的，因为世间万物本来就不是一成不变的，你只是变得不符合对方的期许罢了。

那什么东西是永恒不变的呢？普罗米修斯说，没有永恒的存在，只有永恒的意义。虽然太阳也会消失，但是人们对光明的追求是永远不会改变的。

金钟奖颁奖礼上，小S和曾宝仪同时以前女友的身份与黄子佼同台站在了一起，谈笑风生着拍下了那张前任与现任的世纪大合照，还调侃和祝福他新婚快乐。

这一幕令许多人唏嘘不已，感慨世上真的没有什么过不去的槛。十年过后，那些在屏幕里哭得伤心欲绝的泪变成今日的一笑泯恩仇，小时候看到的明星八卦都已经走到了大结局的时候。

就像徐峥二十年后见了杜鹃，心里那些小涟漪早已平静。那些念念不忘最后被证明只是内心小剧场里自导自演的重逢大戏。赵薇那个药不能停的盒子，里面装着的最灵的药还是时间。

即使在现实生活中，对于执意分手的前任，阔别多年后重逢都已经懒得琢磨他是不是后悔过。过去就过去了，大家都很忙。

现在我只能默默看着时间，带着所有湍急而下，初老症的症状之一，就是越近的事情越容易忘记，越久以前的事情反而越是记得。

我当然记得教室里上下翻飞的蓝色窗帘，头顶上吱吱呀呀旋转着的电风扇，塑胶跑道被太阳烤焦的味道，学校门口地下通道里3块钱一杯的港式奶茶，还有蝉声中追看的偶像剧。

读中学的时候，我和好朋友每天都一起坐2路车回家，她暗恋的一个男生，也坐这辆车。所以，我们会在很多站中途下车，然后再等下一辆公交车，来看看有没有他。运气特别好的时候会碰到，远远地看他两眼，三年之中连去说一句话的勇气都没有。

最后回到家里那一站，我们俩坐在站台的广告牌下，看着夜色中的灯箱一个个亮起来。我们一人戴着一个耳机，听着潘玮柏的《爱上未来的你》。不知道现在是不是已经到了那时候所说的未来。

只是，青梅竹马两小无猜或是校园记忆里那一场漫长而盛大的暗恋，是一种与青春才匹配的美好。

旧日情如醉，此际怕再追。

对过去的人生早已宽容和释怀，只是暗自期待接下来的那些人生，当某一天也成为回忆时，可以同样会心一笑。

张士豪都变成了李大仁，程又青们都美得不可方物了，又何必怀念孟克柔的短发呢。

岁月这首歌，到了下一个前奏响起的时候。

只是不知道唱到此时，你有没有找到属于自己的调？

把生活变成
一个钝角

这两年还挺神奇的，从我辞职之后。

之前我根本没有想过把做甜品这个事情当成职业，最多就是小时候路过面包店的时候，看着透明橱窗里那些抹奶油蛋糕的人，觉得好开心。现在我居然成了他们之中的一员，简直就像做梦一样。

在此之前，我是一家地产公司的广告策划。每天就是坐在格子间里，打卡、开会、出差、玩手机刷微博，无数遍扫一眼电脑右下角的时间等待下班的小白领。所以每次听到金玟岐的《才华有限公司》总有无限感慨：

我们来自才华有限公司

每天上班下班打卡要准时

老板承诺年底加薪升职

有几个同事又离职

就是这家才华有限公司
维系了家的温饱事
坐在格子间敲打的手指
却感觉生命此刻像是静止
也许吧 想多啦
谁的理想不曾恢弘远大
现实啊 不复杂
说服你要低头别再犯傻
承认吧 是我傻
才配挥霍年华渺小的生啊
等青春 消失殆尽一切
才说如果当时的胡话
兑现多好啊

那时候我和每一个迷茫的年轻人一样，托着一张大脸在思考，自己到底喜欢什么？想要做什么呢？这是我喜欢的工作吗？谁又知道呢？

作为学习出版和广告的学生，但凡是听过新闻院那些老教授们几堂课熏陶的人，或多或少会有一些“新闻理想”或者“纸媒情怀”。我第一份实习就是在报社，而且是时政线的，每天采访领导、跑会议、整理录音、发通稿，即使是听市长在对面发言的时候，我也会无聊到趴在桌上睡着了。实习快结束的时候，带我的老师说，那你去做一期自己感兴趣的专题吧，可以去社会新闻甚至是娱乐版块。

我吭哧吭哧特别开心地忙乎了一个星期，在长沙40度高温的日子里，跑到大街上采访路人，从报社大厦顶楼走到一楼，一层一层地发问卷，最后做了一个整版的专题，觉得自己特别牛逼。第二天，我兴奋得要死地在报社一楼拿了当天的报纸，发现我做的板块全部撤版了。因为2010年8月，甘肃舟曲发生了特大泥石流，所有媒体全部撤销无关内容来报道这次事件。

所以，当时百感交集，真的说不清到底是个什么心情。大概就是生活还是个锐角，时不时地给你一个锋利的惊奇。

虽然后来没有成为一名记者，也没有留在新闻或者传媒行业，但我对传统媒体人依然心存敬畏。在“当我老了”的构想里，依然是能做一本杂志的主编，能写写字，能做一些有意思的事情，能烤蛋糕，就是完美一生了。

很幸运，还没有到七老八十，这三个小心愿我都实现了，而且全部都在这两年。

难道不神奇吗?

这一年，我做小雨厨房公众号，有很多以前的同事、同学、朋友和我一起在这个平台分享美食，记录生活。尽管连个实体店都没有，只算个虚拟的厨房，但是和大家一起玩得挺开心。

记得最开始拉着歪歪一起加入的时候，她给我推荐了企鹅吃喝指南，她说这个好棒，是我们的榜样。一年之后，很意外的是，企鹅的CEO志伟和我说，你做得好棒。听到这句表扬，我心里还是小小地得意了一下。

这一年，我写专栏，以一种非常业余的水平。所以除了小雨厨房，你也可以在很多地方看到我。

这一年，我成了五星酒店的甜品师。虽然辛苦，但终归有所长进，有几样拿得出手的东西，不像一年之前只能哭哭啼啼地求别人收下我。

这一年，我收到了许多创业，开店，合作，电视节目的邀请，但是这一项我暂时还没有去做。因为毕竟精力有限，光是前三条，已经让我每天只能睡4个小时了，颈椎病腰椎病越来越严重。

这一年，认识了许多志同道合的朋友，也有很多从事餐饮美食行业的前辈，更多的是许多来自陌生人的鼓励，没什么能报答的，唯有感谢二字。

以前，我把谨言慎行，独善其身当作人生信条。但是。现在我觉得，哪怕是拥有微小的影响力也是一件了不起的事情。相信那些散落的善意会穿过山川大海，重新回来找到你。

去做厨师的这一年，如果用一个标题党来概括，整个事情其

实特别微不足道，用一种民生新闻的视角就是：白领周女士因难以忍受加班压力辞职当厨子。放在今天这个集体折腾的大环境里也不是什么新鲜事儿。就像是听了一万遍让人心生厌恶的“不要眼前的苟且，去追求远方的苟且”的那一撮人。

故事接下来的后半句可以是“周女士不堪重负重回广告行业苟且偷生”，也可以是“开了一家小店从此悠闲度日”，还可以是“成为最年轻的甜品师获XX大奖”。

说实话，还是希望自己的结局会是稍微好一点的方向，不至于死得那么惨。也许，就因为当年冲动的那么一下，让我拥有了最兴奋、最热情、最活泼的一年，同时也是我最艰难、最痛苦、最沮丧的时光。

生活至始至终都是有棱角的，不存在什么被磨平磨圆的状态。而在我这里，是从一个锐角变成钝角的过程。好奇心仍在，只是会以更加包容和平缓的姿态去面对。

金句女王都说了：“但凡说矢志不渝的情侣，都是死得早的。”在职业或是事业上，也是如此吧，不必死磕，省着用自己。

你可以有很多个七年，第一个七年来当木匠，第二个七年来当设计师，第三个七年来当厨师，第四年还能做个职业经理人。尽力去走，走不下去没有关系，也能被别人宽容对待，自己坦然释怀。

奇葩说最后一期，让我最感动的是姜思达的采访，放下了以往的盛气凌人，表达得非常非常谦卑。

他说：“我在一步一步证明自己讲得还是有一些道理的，我刷票还是挺厉害的。我害怕没有办法成为大家心中的自己，我不想一直成为一个拖后腿的存在。”

我在心里猛点头，因为说出了我的骄傲和害怕。艰难也好，甜蜜也好，这已经成为我日常工作的一部分，算不上梦想或是情怀，期待明年这个时候，我会有更多一点的进步。

不用跟我说加油，又不是发动机要那么多油干什么。开心就好，真的。哪怕不完美，也有不完美的好。

大龄少女的春节烦恼

曾经我就是那个传说中讨厌得让人咬牙切齿的“别人家的孩子”。一路重点中学实验班、985 211大学，然后找了个靠谱工作，过年过节都是面带微笑接受其他家长亲戚或情真意切或言不由衷的“表扬”。

说实话，从未因为这种表扬而开心，而是浑身不自在。因为并不能因为这种表扬而得到任何实质的好处。反而他们的小孩会因此而不喜欢跟你玩，或者在心里默默地翻了个白眼。

但是今年，风水轮流转吧，我就这样完全站到了对立面。

大家知道我去年辞职了，成了一个厨子。月薪1000，刚发的年终奖200。21世纪了，是的，你没有看错，我没有少写两个零。我拿着那个200块钱的红包，不知道该哭还是该笑。我还得在微信上发个跪着收红包的表情“谢谢老板”。

如果是被亲戚误解成修电脑开网吧的程序员们，起码在收入上还能扳回一城，随便一两万的月薪再加年会抽台甲壳虫也能让人没话可说。

而我，要如何跟每个七大姑八大姨去解释一遍我的工资比他们家的保姆还低。

以及，今年就26岁了还没有准备结婚甚至没有带个男朋友回来过年，更是罪加一等。

真想把他们变成开心消消乐，biubiubiu，三个连在一起就能一秒钟统统消失！

所以，我把微博、朋友圈、知乎上那些呛死亲戚的套图都一一保存了，做到烂熟于心，并且把小s冷漠表情包在脸上练习了许多遍，可以一气呵成地完成先发制人问候别人车贷房贷子女升学就业以及未来的二胎，最后再皮笑肉不笑地呵呵绝杀收官，完美。

昨天晚上，小年的家庭聚餐，我把它当成了除夕大战前的一次压力测试。

我咄咄逼人地一一回敬了那些意料之中的问题。于是，饭桌上气氛尴尬到了冰点，好好一桌菜好像瞬间都失去了色彩。尤其是我爸妈，脸色非常难看，是那种我不忍心多看一眼的落寞神情。吃完饭，我还好死不死地又跟我爸爸吵了一架。

于是，熊孩子长大了变成了一个讨厌的熊孩子。

今天早上，我姑姑突然问我，看了我爸爸的体检报告没有，有一项是阳性。

我一下子就懵了，问她是怎么回事。

她说不清楚，只是听我妈提了一句。然后我马上打我爸爸妈妈的电话，打不通，那一秒钟我就哭了，继续疯狂打，一个人坐在那里哭了两个小时。脑洞大得开始想，要马上带他们去旅游，去海岛，去吃好吃的，一定不跟他们顶嘴，不跟他们吵架，不跟他们对着干，不去外地工作了，就留在他们身边。

最后，打通了，我妈妈说：没什么大碍啊，别大惊小怪一惊一乍的。甲肝乙肝呈阳性就是证明有抗体啊。当年果然不该让你学文科，女儿你这智商是硬伤啊。

好吧，我既松了一口气，也被刚才的自己吓着了。有点明白我妈夺命连环call找我，然后我嫌她烦还挂电话的感觉了。就像我每一次态度恶劣地跟她吵完架，我都会后悔。因为一转身就是踏入机场或者高铁的安检口，大半年不能回家。上一秒还气势汹汹，下一秒就哭成鬼了，不敢回头。

不到失去的时候，永远不知道什么是最重要的。

我那可怜的200块钱都不能给爸爸买一件好一点的衣服，更别说什么太空舱按摩椅之类的了。他们都没嫌弃我，除了乐呵呵地让他们开心一点，我还能做什么。

对笑里藏刀的上司，背后捅刀的同事，横刀夺爱的情敌，尚且还能装模作样地言笑晏晏，都是横扫三大国际电影节的实力演技派啊，为什么对小时候给过压岁钱，还或多或少逗过我们帮过我们的“亲戚”，要摆出一副了不起看不惯的高傲姿态呢？

想想也是因为我自己那种没来由的“傲娇”吧。不是解释不清回答不了，是不想回答不屑于回答。不如我们来谈谈微信红包和支付宝“敬业符”的春节策略？不如我们来八一八张小龙删掉了哪七条饭否？不如我们聊聊语义出版风投私募索罗斯？

其实也就一顿饭的时间，撑死了长假7天的时间，也是可以演得出一场其乐融融的戏啊。过年嘛，本来就是和为贵的。

所以，今天晚上我又试了一下，心态十分平和地，问什么答什么，脑中自动同步《失恋巧克力》职人里面“十元”妹子的甜腻表情+星星眼。

——有男朋友吗？

——没有啦。

——别太挑了啊，再挑就嫁不出去了。你看谁谁谁，她儿子都1岁了。

——好的啦，下次阿姨帮我介绍啦！

——工作怎么样了啊？原来单位那么好，为什么辞职啊？

——就是每天做蛋糕啦，还挺开心的。还年轻嘛，多折腾一下。下次送马卡龙小熊曲奇布朗尼巧克力蛋糕给你吃啊！

你看，其实也没怎么难的。顶多也就是5个回合，大家该吃饭的吃饭，该敬酒的敬酒。你又不是领导，大家不必围着你转。

也是爱恨情仇里职场麻坛里，摸爬滚打这么多年的人了，怎么会不知道谈话技巧第一课的内容。不是不会回答，只是不愿意罢了。

所以，关键是心态的转变吧，别把那些“亲戚”都当成非要拼个你死我活的仇人，收起那些关你屁事和关我屁事的言辞。赢了也没糖吃啊。

你并不会因为逞一时口舌之快而得到什么，但是你的父母会因此而难过或是尴尬那么一小会儿。大家都这么大的人了，还这么不懂事，合适吗?

正能量是个被说烂了的词，因为唱唱反调才能显得与众不同、有态度、有深度。

就像朋友圈微信群里满天飞的图，我也能PS出无数张来博你一笑，可是笑一笑就好啦，营销号是拿这些东西来赚钱的啦，我们为什么要真的拿这些父辈、长者看不懂的梗，去羞辱他们呢?

面对责难、侵害、非议、困境时，如果成熟，你会选择了沉默。当你再强大一点的时候，会选择原谅。

不需要安全感
就是自由

小时候的“生死之交”都来得特别简单。

要么是一起咬牙切齿地说过讨厌谁，要么就是一起小心翼翼地交换彼此喜欢谁。

比如，大卫同学是典型的守口如瓶又神秘冷漠的天蝎座。但是，一个夏天的傍晚，他竟然在我喝一瓶酸奶的时间里，一口气说完了他5个前女友的故事。就这么肤浅地，我们从此成为了死党。

上个星期，他和他第6个女朋友分手了，这一次是死于对方口中的，没有安全感。因为对未来缺乏规划和把握。

在我漫长的无聊岁月里，也总是托着腮帮子思考这个宏大的命题。

安全感是什么？

如果能变成可量化的数据，那会简单得多。

比如摆在电视机上的那个小猪存钱罐，拿起来沉甸甸的手感和摇晃下厚重的响声。长大之后，这种感觉变成了银行卡上的时多时少的零。

比如购房合同，比如车钥匙，比如商业保险，比如会计证律师证建造师证，能握在手里的，才让人觉得放心。

但是有时候啊，会显得特别虚无缥缈。

比如，一生一世不变心的承诺。比如，你终将改变世界的抱负。

于是，为了把这种感觉坐实，我们总在无穷无尽地折腾。

随时随地check男友的手机和行踪，疯狂加班超负荷工作，跑步机动感单车停不下来，都是孜孜不倦地追寻这种，叫作“感觉”的东西。

是不是正应了喜宝所说的：我需要很多很多的爱，如果没有爱，那么就很多很多的钱，如果两件都没有，有健康也是好的。

不回信息，不立刻回信息，不立刻热情地回信息，不在没有立刻回信息之后跟你解释和道歉，都让人没有安全感。

吃饭时他无视你可爱的吃相，而专心盯着手机；情人节时，想不起你多看过一眼的那条手链。逛街买衣服时，他漫不经心地说着好看好看都好看。他理性地拒绝你的挽留，他在见到你的时候表现淡定，他在牵手时不够坚定，他在不开心的时候不会第一个告诉你。

一个人，如果要去寻找不爱的证据，永远都是有的。如果要找安全感，永远是不够的。

就像一个填不满的空洞，我们不断往里面存储，收集，备份。

就像很多人都有“囤积症”。我见过最严重的就是巨蟹座的NANA同学。她家就像一只松鼠的窝，囤了一整个冬天的食物。每一个品类每一种食材她都要买三份，因为怕要用的时候买不到，但是买回来又不吃，就是放在那里。当然除了食物，还有一箱面膜和一打围巾之类的。她说看到置物架是满满的，她才不会焦虑，不会孤单。

所以，现代人有时候会矫情地说，车水马龙的城市比空无一人的沙漠还要没有安全感，因为孤独。

读中学的时候，我也是“一个人会死”星球来的。就是下课的时候去上厕所也要集齐5个小姐妹，不然就不去，憋着。更别说一个人吃饭了，我会选择，嗯哼，不吃。天秤座啦，与生俱来的喜欢呼朋引伴的毛病。

这两年因为工作要经常出差，没办法，每次都是一个人。除了打包行李，荒野生存，方言技能全方位升级之外，也习惯了独自出发。

很奇怪，在一个遥远而陌生的十八线城市，我一个人吃饭反而会没有那么别扭。想了想，是因为没有认识的人，所以不会遇到熟人问“你怎么一个人吃饭呀”这种尴尬的场面。

然后觉得，咦，还好啦。不必迁就另一个人的时间偏好口味习惯，自己吃得开心就好。还可以假装自己是个蔡澜一般暗中探店的美食家。其实也没有人会Care你到底有没有朋友、人缘好不好啊，大家都很忙的好吗？！

在这方面，橙子同学胜过我百倍，尽管她还比我娇小很多。

曾经我在报社实习的时候认识了她。指导老师第一天就把我们召集到一起开茶话会互相混个脸熟聊聊人生什么的，几乎在场的所有人都满腔热血地说，要成为一名奔赴前线的战地记者，捍卫新闻理想。

只有橙子，在旁边幽幽地说了一句，要进个事业单位啊，正式编制的那种，再嫁人生子做饭啦。因为从小就到了离家千里之外的地方读书，无依无靠，所以希望往后的人生能过得安稳。

5年之后的今天，大家差不多都不声不响地进了国企，放下了笔杆和摄影机，橙子却不走寻常路，回到青海开了一家小旅行社。去年4月我去了西宁，她带我去了传说中的“中国的天空之城”——茶卡盐湖。

我兴奋得疯狂拍照的时候，她再次幽幽地说：“我已经来过20多遍了。”

她说曾经渴望的循规蹈矩的生活反而让她惶恐，因为没有想象中的踏实感。一次偶然的机会，她开始了登山，她是胆子很小的，但大自然激发人的潜力也是无穷的。

她说当她登到珠峰7000米以上的时候命悬一线，真切感受到人如鸿毛，命如草芥。但是看过那些惊心动魄的风景，也会丢掉往常膨胀的虚荣心，而遇见真正的自我。

草长鹰飞，心日朗朗。

就像在登山学校里的藏族人看来，攀岩是一种常态，而不是我们朋友圈里的时尚。

当她以后再面对其他危机时都不太会大惊小怪。即使没有高德地图，没有滴滴打车，没有任何客户端求助，心里特别笃定总有办法活下来，那就是她的安全感，来自于危险之境。

她还说了一句特别玄幻又朋克的话，安全感只能是自己给自己的。爱人不行，APP不行，《金刚经》也不行。路要自己走一遍才踏实。

不然只会永远被舆论的声音，被未知的危机感，被商业社会创造的虚拟价值所绑架。比如那些一生要去的30个地方，25岁之前要明白的12个道理。

当然我也依然在孜孜不倦地抓住一些什么，所以不能以过来人的姿态指点江山。只是，尽力让自己活得开阔，才会少一些恐惧，才不会依附于别人给的这种，所谓“感觉”吧。

留下或离开，拥有或放手，都是自由。

出发吧，去寻找属于
你的那颗小星球

毕业后一年里，我一个人走过了五十三座城市，从南到北，从东到西。

其中一大部分是因为工作性质而去的。

此后，我不仅可以一个人吃饭还能逛街一个人看电影，一个人靠着地图摸索去我想去的地方。

总之，就是给我的成长路上轻轻按了一下快进键吧。

一、生存力

这是最基本的改变。

“停留”不会出现这么多问题，而“出发”总会带来许多意想不到。

起码衣食住行四个方面，会打破往常的习惯，因此你需要提前规划，而如果不规划，就会面对旅途中更多的突发状况。这是准备计划和应对变化两方面的能力，也对应着两种旅游方式。

比如我曾经是一个拖延症重度患者，往往要到出发前一天深夜才开始收拾行李。但经过这一年几乎每周一次的出差，我已经能在7分钟之内将所有物品分类收纳打包放入行李箱。尽量改，但拖如果不能改掉，那就提高效率吧。我会知道目的地大概的天气对应的着装。比如青海及以西地区，昼夜温差很大，从9月开始就基本转凉了，要带上毛衣外套了。

比如我曾经是独立性很差的人。独生子女的通病吧，自小被父母照顾得无微不至。所以很多生活常识是缺失的，但是我独立的旅行必须面对洗衣做饭认路打车这些琐碎的事情。往严重了说，还包括财产安全和人身安全。我曾经在太原，为了去看王家大院。一个人火车转大巴车，大巴车转货车，货车转三轮车。这途中我还走错了路，一个人站在一片荒无人烟的田里，天已经慢慢黑了。如果是读大学时候的我，肯定已经害怕得哭了。但是我当时很冷静，查地图找方位，走去了最近的客运站，最后到达了目的地。而回城的时候，不得不搭黑车，幸运的是那次我没有遇到坏人。但是以后我会规划好时间，绝对不会再一个人这样瞎逛。

比如我曾经是做事很马虎的人。并不以为然。但这些马虎的习惯，会让你犯很多错误。比如飞机误时、行李忘拿、贵重资料遗失、意外受伤，很多偶然其实都是必然，是由于很多不经意的错误的生活习惯导致的，本可以避免，只是没有认真的态度去计较自己的过失行为。而工作性质的旅行，很多时候我需要以一种更理性的眼光来审视这些城市，人口、GDP、人均可支配收入、地铁交通、经济增速、城市商圈，每一项指标都要精密计算，我必须拿出十二万分的认真态度去面对。

所以，我所理解的生存力，是在日常生活中较少遇到的，而在旅途中会集中碰到的矛盾，面对这些矛盾，你的解决能力。不是说你不出门，就无法增长这些能力，只是速度问题罢了。

二、认知力

除了面对大自然的能力之外，就是社会关系力了。

读万卷书，行万里路。总是有道理的。

当你走过足够漫长的旅途，接触了足够多的人，你会对于许多事情有自己的判断力，而不会盲目受他人的引导。举个小例子，比如我去了4次厦门，就再也不会去鼓浪屿再也不会买X小姐X先生X太太的奶茶或者馅饼，我发现了厦门的美，不在文艺而在市井。

还有比如XXX是一种怎样的体验，比如你是怎样看待XXX这种行为和XXX这个人的。

比如，穷游这件事。比如，在路上拦车这件事。比如，做沙发客这件事。

比如，你应该怎样过好这一生。比如，父母是不是祸害。比如，我应该找一个爱我的还是我爱的人。

比如，我该不该和他分手之类的。

这里不做回答，我觉得从我的改变来说，我是从一个偏执的人，慢慢接受各种人生的不同形态和不同的价值观念。

在人生道路的选择上，我明白，我必须也只能对我自己负责。

三、感受力

也就是那句话，世界那么大，值得一看。

我是在南方长大的，当我从呼和浩特到乌海、银川、西宁、武威、中卫一直走到乌鲁木齐、伊宁的时候，真的觉得太美了。哪怕就是公路上一直开着车，看着窗外不断重复的草原，都觉得要醉在这风景里了。在那样开阔的地方，内心也会变得平静和包容。当你回到城市，面对许多纷繁复杂的事情的时候，想想沙漠里的星空，会觉得世界都安静了。

虽然没有上刀山，下火海，但是在旅程中，我也曾面对过危

中国·新疆·天山天池
请勿靠坐！
Please do not lean against or sit on the chains or railings!

及生命的状况。想想空难频发，我每年坐了这么多次飞机还能好好活着，所拥有的每一天都值得我去珍惜好好过。从另一方面来讲，每天都有可能发生意外，既然我连明天的太阳都不一样能见到，那今天为什么不敢去做自己想做的事情呢？

可能是旅行让我明白“我们拥有的一切都是暂借的”。

而失去是人生中十分重要的一课，我们终将失去一切。房子、车子、工作、金钱、青春，甚至所有你所爱的人。失去大可以到亲人的离世，爱情的丧失，小可以到丢了一支用了很久的笔。失去，总会让人觉得痛苦。

就像龙应台在《亲爱的安德烈》中所写：卒子过河就没有回头路，人生中一个决定牵动另一个决定，一个偶然注定了另一个偶然，因此，偶然从来就不是偶然，一条路势必走向下一路，回不了头。

但是对生活一往无前，不是谁都可以的。

以前很喜欢拍照，走到哪拍到哪。因为总是想把什么东西用一种可以记录的形式留存下来，那些五颜六色的糖果那些不同形状的房子那些一起走过的路。

慢慢的，拍得越来越少了。因为我发现即使用最好的相机最好的镜头也留不住那些过去的时光。

我便用“看过即拥有”来安慰自己。每一个人心里有一本只有自己看得到的相册，里面有宝藏一般的风景。

最后，可能生活的现实逐渐让我们的心蒙上了尘，变得“钝感”。

而旅行，可以温柔地擦去一些，变得“敏感”。

真 正 的 成 长

真正的成长是什么？就是不再忙着问别人生活最优解呀！

一低头，碗里的饭就吃掉了。一抬脚，眼前的路就走直了。

关于指引不开心的年轻人的金玉良言太多太多了，永远是那么一些古老的道理，比如吃得苦中苦，方为人上人。比如富贵险中求。

过来人，用新瓶装老酒，把它们揉碎了，掰开了，掺着一些花哨和流行的方式，再给你说一遍。

现在看起来，如果给当年的自己的一条建议，一定不是大学该不该谈一场纯真的恋爱，该不该混社团，而是，早知道房价涨成这样，就应该在北上广三环以内买套房子啊。

你看，那些作家也是把一个个坑都跳了一遍，方把人生的法则都拎得门儿清。

藏着一颗七窍玲珑心呢，才能把及时行乐的妙义，举重如轻地放在你面前的。

所以，他们说，除了那些被骂得狗血淋头的方案，和坐在阳台上失眠的夜晚，你还拥有在秋雾中吃到的放在小纸包里的热栗子，圣诞树上的蜡烛和铃铛，和洗手做羹汤的心上人。所以，这个世界如此美好，值得为此奋斗。

可是，哪有一条通行世界的法则，那些人生指南，都是如我一般的小青年，在那些失意的凌晨午夜，滴滴答答敲出来的，今天能正着说，明天就能反着再说一遍，还说得头头是道。

别人不能帮你决定选A还是选B，不控制变量的实验总是失效的。

最后只能两手一摊，看着你，

但行好事，莫问前程。

有如Monica的金句，欢迎来到真实的世界，很糟糕，但你会爱上它。

不是说看清了人性就成长了。在我看来，是不像小时候摇头晃脑咿咿呀呀背诵着，人之初，性本善。而明是知道贪婪、虚伪、背叛都是人的本性之后，也能不去参与算计，笑着拉起对方的手说，我们一起玩耍。或者握着对方的手说，合作愉快。

今天做了两个生日蛋糕，一个要求用16岁的蜡烛，一个要求用40岁的蜡烛。我看着手里两个一模一样的草莓慕斯蛋糕，心想她们可是同一个属相同月同日生的呢，可是中间隔着20多年呀。

旁边的师父说，你傻呀，她们都是40岁，只不过一个留恋岁月而已。我们这里永远是16这个数字蜡烛牌用得最快，女人过了20岁就永远未成年了。

我也记得那个拖着行李箱站在大学门口的自己，那个站在成年人世界边上的自己。

我也会看遍校园论坛里的帖子，看那些厉害的学长学姐这四年怎么过，仔细阅读该不该混社团该不该谈恋爱该不该考托福雅思该不该和室友搞好关系的Tips。

大一就把学生会青协团委羽毛球协会街舞社全部报了一遍，每天赶场子一般奔波于各种活动。

光怪陆离的游乐场玩一圈，和朋友们手牵着手跨进这个光鲜亮丽的世界大门，笨拙地学着如何画眼线，如何穿高跟鞋，如何说话掷地有声，如何面对学弟学妹的发问不怯场，如何不在偶遇阵雨的时候显得太过狼狈。

那时候啊，我们也熬夜，做PPT写方案改设计稿，分析那些遥不可及的商业案例，就像一个大人的样子。

我太想离开校园了，太迫不及待地要去看看真正大人的样子。怀揣着一身傲气，要离开所有的保护，去看看外面的世界。

一毕业就好像真的过上了我想象中的生活。在CBD上班，住在酒店公寓，10米挑高的大堂，坐拥城市夜景的落地窗，一丝不苟的职业装高跟鞋，永远在出差，永远在开会，永远在接电话。

你会不知不觉地学会许多八面玲珑的处世之道，会议之前该打印多少份图纸，矿泉水瓶盖应该先提前拧开再合上，放在boss手边的右上方。知道什么时候该说什么话，什么场合应该一口饮尽杯中酒，什么人面前该低头，笑脸盈盈地咽下无尽的委屈和不服。

你才发现大人的世界一点都不可爱。

最后把傻事都做一遍，才学会面对自己的软弱和无能为力。

于是，终于在好友喝醉时，说完一番真心话之后，问你一声，这种感觉你明白吗。

你可以云淡风轻又无奈地回答一句，我懂啊。你以为我没被坑过吗？对啊，承认啦，是我傻。

如果你连贯地看过几百个关于迷茫的问题，就会发现，其实大多数的迷茫是相似的。

这世上的烦恼就如同每天的落叶，扫得完吗？

扫不完。

那还扫吗？

扫。

不择手段非豪杰，不忘初心真英雄。

不择手段非豪杰，不忘初心真英雄。

这是电影道士下山里面，周西宇和何安下在桃花树下的对话。

去年这个时候，我还特地发了个朋友圈。上山，下山，再上山，才能看见万古星辰。我也记得有个朋友在评论里回复我，希望你不要再下山了。

如果一个人走了好久好久的路，经历过低谷，哭过，醉过，绝望过。低头看看，路还在，自己也在，都算是幸运的成长了。

Chapter 3

这一生怎么过都不对，但进一寸有一寸的欢喜

梦想，
一颗诱人的糖果

北京告诉你，应该更有影响力。

上海告诉你，应该更有钱。

广州告诉你，应该更多机会。

香港告诉你，应该更时尚。

成都告诉你，应该更会生活。

大理告诉你，应该更加自由。

我们选择了城市，城市也塑造了我们。当然，这些有时候只是被人为升华和刻意放大的意义。往往留在一座城市，仅仅是因为那里的烤鸭、小笼包、肠粉、虾饺、火锅、羊肉串好吃得让人难以忘记而已。

大家总爱像汪峰一样提问，你的梦想是什么？我特别认真地想了一下，我的梦想是什么呢？其实特别简单，只要三个字就够了：吃，不胖。结果我的好朋友们都说，你啊，那是不吃，胖。

所以，你看，理想是骨感的，而现实呢，是丰满的。

前几天我脑袋上要做个小手术，医生说，你要剃头发。我哭天喊地死活不肯。

他说，那你要美还是要命？

我说，当然是要美啊。

可是最后还是认怂地剪掉了一大把头发。

手术前，我问医生，我会晕过去吗？

他说，你以为你是Windows 98吗？这又不是全身麻醉，放心吧，你会意识清醒的。

果然，开刀的时候，我都能清晰地听到医生和护士谈笑风生。而我内心却是充满了恐惧，万一要是癌症怎么办，我还有哪些遗憾？我的梦想都实现了吗？躺在手术台上的这段时间里，一边听着脑袋上的手术刀咔嚓咔嚓的声音，一边飞快地回忆了一下自己的人生。

大概是小学二年级，我在类似《小小作家》之类的儿童刊物上写过一篇文章，题目是《我的梦想是当一名音乐家》。这听起来让人万分困扰，音乐家是个什么鬼？要怎么才能当？回忆了半天我当年的思路。最后想起来是那时候在学琴，因而知道了许多外国作曲家，他们的名字写出来都特别特别长，所以能用来凑字数吧。长大之后想明白了，我永远都当不了音乐家或是作家，最多只能成为一个作天作地作死的普通人。

除了小学生稚嫩的几百字作文之外，“梦想”二字的第二轮大规模出现，大概就是在创业者的PPT封面上。它是漂洋过海的糖衣金箔，是穹顶之上的彩色玻璃，是风陵渡口的三枚银针，更是令无数年轻的航海家们前赴后继的百慕大三角。

我们总是有那么多梦想，也总是想着改变自己。比如说，我发誓，这是我最后一次暴饮暴食、最后一次吃冰激凌，从明天开始一定过午不食好好减肥。但是，最后一次，真的是世界上最不值得相信的一句话。因为永远还会有下一次。然后循环陷入汹涌的失望和内疚之中。也许这些人当中大部分都是完美主义者，他们总是觉得足够完美才值得被爱。

但是，不能一口吃成胖子，也不能少吃一口就变成瘦子啊。

很早以前我也喜欢走捷径，比如找熟人帮忙、偷懒、拖延、耍小聪明。但是，我慢慢领会了一个人生要义，这世上根本就没有捷径。投机取巧本身就是一件更加浪费时间和精力的事情。

然后，我逐渐放弃了宏大的梦想，放弃了只争朝夕的心思，而是循规蹈矩又愚笨地去做每一件小事情，坦然拥抱生活中的那些不确定。

现在，我除了是个厨子，也是半个自由撰稿人，横跨情感、八卦、美食、旅游、城市、人文等乱七八糟五六个专栏。奇妙的是，小时候特别羡慕一种职业，就是类似走四方吃遍天下之类的节目主持人，而如今这竟真的以某种形式成了我的工作内容之一。

这样算起来，好像我的小心愿都已经差不多实现了。就算医生真的告诉我，我的生命只剩多少天了，我依然会做着现在这些事情。

病理化验结果出来之后，我终于松了一口气，还好我没有得什么绝症。感觉像又捡了一条命一样，接下来的每一天都是老天爷送的礼物。

毕业两三年，大家就已然走上了截然不同的人生道路，不再怀揣着同一个梦想。

上个月回了一趟学校，有创业者把生意做得风生水起，有研究者沉浸在探索的世界，有为人父母者收获了满满幸福。

小溢溢说，我现在过着你以前的痛苦日子啊，成了广告狗啊。每天还要带孩子都没时间画个雕牌圣诞限量版色号的大红唇出门了。

我说，要是我家里有个小太阳每天对我咧着嘴笑，就算累成狗，我也要恬不知耻地摇两下尾巴，然后身心愉悦地挣奶粉钱呢。

这样想来，做任何事情都是需要付出代价的。

这种代价可能有许多种存在形式，时间、金钱、容颜、青春、健康、名望、自尊心或是其他。

做梦的人，在接受大家的溢美之词背后，需要更多的付出和代价。不安定感、自我怀疑、自我否定、自责冲动，每一样都能让你失败、绝望或是毁灭。

我深知自己成就不了史诗级的传奇，那就先把手里日程本上的To Do List 一个一个划掉吧。

于是发现我的焦虑和不安变少了，因为做这些事情的过程本身就是自己欣然向往的。既不需要用梦想来标榜自己，也不需要用伟大来证明自己。

此刻，我的心里特别笃定。那是一种怎样的感觉呢？大概像是找到真爱了吧。

更准确地说，就像你看一部特别主旋律的电影，即使无比投入，哭得不能自已。但是你知道，女主角即使得了癌症也不会死，男主角也永远不会和小三在一起。

神灯里的守护神说："嗯，就是这条路了 ，一直往前走，不回头就好。最后，我一定会实现你的三个愿望。"

记得读小学的时候，每个学期结束都要发一个小本本，上面写着你每一门考试的成绩，老师还会在最后一页写上对你的综合评语。

其实每个人的评价在那个本子上的套路都是那么几条。比如，成绩优秀名列前茅； 比如，不优秀的那就是开朗活泼热心班级活动； 再次之，就是文静内向集体荣誉感强。

总体上来说，我小时候是不讨家长们喜欢的那一类小朋友。因为不会在过年过节的时候说漂亮话，长得不够水灵，把我拉出来的时候总喜欢往后退，也没有什么唱歌跳舞能表演节目的才艺拿得出手。

所以每一年拿到那个本子，我妈都要弯下腰来语重心长地对我说：“周小雨啊，你要多说话，平时多和别的小朋友玩，上课要积极举手发言，知道吗？”

我一边猛点头，一边转着铅笔望着窗户外面的电线杆发呆。

这样到了三年级，我决定洗心革面重新做人，但是每次等我终于鼓起勇气举手的时候，老师已经讲到下一道题了。

所以，努力了好多年还是没有扬眉吐气一把，让老师把积极举手发言几个字写在我的小本子上，就这样文静内向了整个童年。

有时候回过头去看看以前的自己，会觉得特别好笑。就像我小时候很在乎那个小本子，现在想起来，两手一摊，Who cares?

那些用来把人分门别类的真知灼见从来就不需要，轻率地判断总是抹杀了平凡性格里那些可爱俏皮的质感，就像金发女孩儿鼻头上的那一颗小雀斑。

为什么要把自己变成和别人一模一样的小朋友呢？为什么当大多数人是外向活泼开朗的时候，不爱说话的内敛就变成了缺点呢？

多么希望每一种没有妨碍到别人的性格都能够顺其自然地发展。交流和表达的目的是传达爱意，而不是被迫服从成年人定下的一些条条框框。我可以是苹果，也可以是草莓啊，但是被妄加评论和乱贴标签总是给我们的爱设限。

无论是何种形式的爱，来自父母、朋友或者爱人，都应该给予对方施展的空间。无论是怀着怎样的善意，想让对方按照自己的意愿去改变，那都不算是爱，而是一种博弈和占有欲。

就像当我说想当厨师的时候，大多数人都反对，说我不靠谱。去年，我站在酒店厨房的时候，Chef给了我同样的评论，你不靠谱。

而现在大家集体赞美的诗意和远方，以至于成了被过度包装的乌托邦。每个人都想开一间小小咖啡馆，每个人都想拥有一面从地板到天花板那么高的书墙，每个人都想一路向西背包十年。

可是，我觉得那又像倒回了小学那个被老师的评语牵绊住的小朋友，把内向当作一种无法融入的耻辱。而现在是说自己爱好赚钱的都不敢开口，生怕踩了舆论的雷区。说到底，是社会对于我们的选择或错误不够宽容吧。

所有人都向往成为坐在路边鼓掌的人，那还在路上狂奔一往无前的人就不配得到祝福吗？

所有人都为去非洲冒险的独立女性摇旗呐喊，那低眉信手续续弹的温柔就不值得赞美吗？

在我心里，比起任何一种主义，自由才更加伟大。

你可以说走就走追求极简的朴素隐居生活，也可以纸醉金迷享受无边际泳池，你可以理性也可以幼稚，可以独立也可以沉迷，可以撒娇也可以勇敢，可以告别也可以归来。

当你不是被裹挟向前，而是自己一步一步走到那个地方，可以支付得起爱的代价，可以掌控自己的生活，那么一切都是被允许的自由，是可以不被别人的评价所左右的选择。

希望有一天，你有选择远方的自由，我也有活得苟且的权利，而我们可以握手言和。

睡 不 着 的 城 市

在那些上夜班回家很晚的夜晚，路上可以看到加班的年轻人、吵架的情人、迷路的旅行者、错过末班车的大学生、睡眼惺忪的KFC店员、意兴阑珊的酒客。

深夜的城市，像翻了一面的煎蛋。是白天的雾霾褪去之后的Side B。

在这个睡眠时间集体不足的时代，千万不要在太早的时候说失眠，因为你很容易就会被嘲笑：我的天，开玩笑吧，12点又不晚啊，你好意思吗?

那张从宇宙望向地球的灯光亮度图证明了，城市，从未睡去，每一个夜晚，都在庆祝一些人的成功，也包容一些人的失意。

可是，我们为什么越睡越晚了呢?

也许因为夜晚的风景太迷人了吧。就像深夜食堂的黄油拌饭和厚蛋烧一样，包裹着一层层奇妙的治愈力量。

即使没有厚重的木门和温暖的灯光，但是每一个街区总是不缺24小时欢迎光临的便利店。

7-11永远有咕噜咕噜冒着热气的关东煮，Family Mart的照烧鸡腿大口饭团在微波炉里“叮”一下只需30秒。

这些都可以在某一个连Uber司机都罢工的雨夜，给你一些温度，以及，热量。

但有时候一个人对着透明玻璃窗吃泡面还是显得有些落寞，偶尔一抬头，还要面对和过马路的人四目相对的尴尬。也许大城市的好处，是对这些孤独的美食家已经习以为常了，大家连停下来评论一句的时间都没有。

当然，那里的人也睡得更晚。就像有时候凌晨两点的朋友圈：有还醒着的吗？结果下面的响应者总是比你发“手机屏摔碎了”时还要多。

Excuse me？这些人在干吗？难道大家都是不睡觉的吗？

他们微笑着说，只是加班狗的日常。生前何必久睡，死后必将长眠。

金融汪、“挨踢码农”、建筑画图狗、电视民工们，十点钟才有空把手机上的APP轮流翻一遍，搜索那些还没打烊的外卖，接着又马不停蹄地辗转于一个个会议室之间。

广告人的夜生活是零点过后才拉开帷幕的，千万别搞什么幺蛾子头脑风暴，只要有烟、酒、咖啡因，就足够诞生一个个伟大的创意，在麦迪逊大道扬名立万。

而编剧和作家们，更可以名正言顺地过西半球时间，因为要到后半夜才有灵感，要在推杯换盏之间变成口吐莲花的诗人。然后骄傲地说，不好意思，我们的早晨都是从中午算起的。

我想起读大学的时候，自己也算个标准晨型人啊，绝对是寝室里睡得最早，起得最早的那一个，而且还有令人羡慕的“一碰枕头就睡着”的出厂设置。

但是不知道从什么时候开始，也不知道是为什么，我慢慢地也越睡越晚了，看着镜子里遮不住的黑眼圈，只好自欺欺人地说，谁没个晚睡拖延症和起床困难症呢?

所以，才会拍下这些城市的夜景照片。在成都的时候，我每天都会问一句带我穿梭在大街小巷觅食的当地朋友们：“难道你们明天不上班的吗？”因为即使过了零点，武侯区玉林串串香总店里，依然人声鼎沸，一锅红油里的签签数都数不完。

虽然没有见过凌晨四点的大学图书馆，但是我见过凌晨一二三四五六七点的广州啊。

地铁里有最密集的低头族，抬起头的面孔也是冷漠JPG，最多是个GIF格式。站在天桥上，靠在摩天大楼的落地窗前，你可以清晰地看到朝九晚五之间，闪烁的车灯汇聚成一条耀眼的光带，绵延向视线的消失点。

有些咖啡馆是属于白天的，比如COSTA星巴克，适合高谈阔论浪潮之巅的ABC轮小天使们，内心的小宇宙总在熊熊燃烧。

而小酒馆是属于夜晚的，小宇宙暂时熄灭的时候，适合点蜡烛，对酒当歌，一生何求。

无论是后海还是外滩，九眼桥还是秦淮河，海棠湾还是汉口江滩珠江琶醍，那些被时光和潮水共同打磨过的建筑，在霓虹灯下获得重生，成为了城市新贵们的名利场。

虽然得了都市病的孤独患者那么多，但总有三五个可以随时喊出来的好友，深夜一起吃顿烧烤。

即使在同一座城市，饭桌上主题也可以是好久不见，各自说一说攒了半年的八卦吧，然后越说越惨就差抱在一起哭了。

当然这也没关系，因为愿意为你翻山越岭两三个小时，从昌平或者番禺或者五六七八环以外赶过来吃顿饭的，都是在心里放在信任组的那些朋友，不会把你惨兮兮的小秘密，添油加醋地说出去。

在晚安和睡着之间，隔着至少两个小时。因为无论有多困，睡前还是要玩手机的，微博微信知乎豆瓣全都要刷一遍。

有时候，也要在长微博生成器拐弯抹角地酝酿出一番情绪，因为无法直抒胸臆地问一句，你睡了吗？最后删删减减剩下几百字，也要经过近千台CPU处理，拆分成一个个字节的传输。最后，当然也不知道那个人会不会看到。

所以说，夜晚啊，宜矫情忌鸡血。

因为晚风太温柔了，那么多的张牙舞爪啊，也像一记重拳打在了棉花上。

即使在白天掷地有声气势汹汹，有手有脚自己拎包，努力赚钱自己买包。可是到了晚上啊，那些端着的姿态和反复拿捏的分寸感，都会悄悄放下。

无论有多少不动声色的想念，多少心怀鬼胎的试探，或是多少不准回头的自我告诫，最后，都会变成先绷不住的那一个人。

为什么过了1小时零47分，那个人还没有回微信呢？是在开会吗，还是手机没电了，或者在和别人约会？哼，可是我这么主动，一点都不酷啊。

再过5分钟，哎呀，3分钟，算了算了，不酷就不酷吧，说不定是微信故障没收到呢。拿起手机，再发一条。

但是，岁月的车轮可不会停下来哦。

80后还没反应过来，90后都已经开始皱着眉头，说自己老了。并且语重心长地告诫那些开始张望曼妙新世界的00后们。别有事没事一惊一乍的，淡定一点，看开就好。没有人值得你为之熬夜，去看看眼霜多贵啊。

乖，还是早点睡吧。

生 活 又 不 是 电 影 ，
生 活 难 多 了

又是一年结束时，在大前年许下的愿望依旧没有实现。

没有读100本书，没有瘦20斤，没有X万存款。

跨年夜站在广州塔下面信誓旦旦说出的目标，和狂欢的人群一起消失不见。

我也害怕失败，害怕后悔，害怕变老，害怕小细纹悄悄爬上眼角，害怕胶原蛋白不停流逝，害怕会放弃心中所爱。

人生的无奈，总是让你回头看一眼过去的自己，懊悔没有穿越时空的超能力。也许努力，或者拼尽全力，依旧是走在成为一个松弛而又碌碌无为的中年人的道路上。

可是，“买齐所有的雾面口红”“去小野二郎的寿司店吃玉子烧”“去埃及金字塔探险”“养一个浑身是肉的宠物”“做饭给喜欢的人吃等着被赞美”“学会游泳狂飙两百米”等等，温柔可爱的东西那么多，就算是为了它们跑着活下半辈子，好像还是不够用。

曾经的一位上司打电话问我最近混得怎么样，让我想起在她手下时，一段不堪的往事。

大三那年，和所有准备找实习找工作的同学一样，穿着极不合身的，就像保险销售员一般的正装，奔波于各种宣讲会。

那时候眼里的未来混沌得什么都看不见。于是拼命想让自己拥有更多选择，就像海投出去又杳无音讯的简历。事业二字，就是讲台上那些优秀学长学姐头上的光环，和人手一本的企业文化小册子上印的五险一金。

我投过一个时尚编辑的职位。虽然只是实习生，但也有笔试群面小组讨论HR面，终于到了最后一关，大BOSS亲自飞来武汉面试。

坐在留着一头干练短发的时尚女魔头对面的时候，她第一句话就是指着我的胸针问："你这件衣服在哪买的？多少钱？你知道这个小土星的来历吗？"

我当时嘹亮又干脆地回答她："在学校附近一家小店买的啊，三百多块钱啊，不知道什么牌子，就觉得特别喜欢，特别好看，特、别、适、合、我。"

现在想起来，真是肠子都要悔青。

我居然在一位米兰国际时装周前排看秀的嘉宾面前，穿了一条假的Vivian westwood的裙子面试，还浑然不知。

她笑了一下，对我说："年轻真好。我也觉得你穿着特别好看。希望你以后也可以记住今天这个时候的样子。”

当然，许多事情，只有成为过往，才能谈笑风生的。

后来倒也没有真正走进fashion icon的世界，不过三年时间，我的衣柜里已经挂满了每一种颜色的西装，对品牌故事、设计师作品如数家珍，也学会了什么场合该说什么话，不再莽莽撞撞口无遮拦。

我小心谨慎地为人生画好格子，亦步亦趋就如穿着铅笔裙和高跟鞋丈量好跨出的每一步距离。大概已经差不多忘了她所说的，当年那份傻气的自信。

公司楼下的麦当劳，每到早上8：10的时候，每个点餐台前面都是拿着工牌打包吉士蛋麦满分的熟悉面孔。然后大家行色匆匆地过马路，走进大堂排队等电梯。女生互相赞美今天谁的睫毛刷得根根分明，男生讨论昨晚球赛那记精彩绝杀。

在我36楼的办公桌上永远堆着处理不完的文件、改不完的设计稿和撕不完的便利贴，每次看到网页右下角弹出的某公司员工加班猝死的新闻，心里都要“咯噔”一下。

摩天大厦的每一层都被划分为无数个格子间，每一间都有各自的烦恼。我们手握有限的才华，心怀无限的欲望。

许多事情，只有成为过往，才能谈笑风生

就如男人永远想要最快的车、最烈的酒、最狠的对手，以及最美的姑娘一样。但大多数时候，愿望或是梦想，只能消解在一声声新年快乐和生日快乐之中。

然而，不是老道内敛、喜怒不形于色才叫成熟，对这个世界有自己独立的见解，拥有好奇的心，也是一种有智慧且有趣的成熟。

一年一年又一年，当年岁渐长的时候，感知到来自外界的要求反而越来越苛刻。

你要健身，要有人鱼线马甲线。你要有一技之长，即使当不了CFO也得坐拥CFA。你要拿得出手，也要带得回来。光看脸还不够，要有品位不能土不能俗，奢侈品发源记不住，起码发音不能错。辣椒炒肉色香味皆有，鳕鱼海陆双拼一口识别酒庄和年份。

然而不动声色就是“心机婊”，笑眼盈盈就是“绿茶婊”，总有一款标签适合你。

更多的烦恼来自于从小就在父母嘴里蹦出来的“别人家的孩子”。从前的版本是成绩好得人神共愤，现在是一个个结婚了、上市了、出道了。听完之后，焦虑如影随形。

《闻香识女人》里的帕西诺说，我知道哪条路是对的，毫无例外，我就知道，但我从不走，为什么？因为太他妈苦了。

但是，当你放弃要成为一个模子里倒出来的完美的人，会突然如释重负般轻松许多。就像小时候，大家总是觉得期末考试排行榜上的前十名就令人崇拜，而那些打架纹身辍学做出格的事情就很酷。但是不为了搏出位，拼掌声，能够把一件普通的事情做好才酷啊。有人扮演伟人，有人就要扮演普通人。

记得一位在爱恨情仇里摸爬滚打了许多年的朋友说过，我们始终和大多数人类一样，是善变，健忘，怀旧又不舍得承认的动物。

但有时候别人告诉你的世态炎凉、人情冷暖，和真正体会过一遍，是不同的。

成长的意义，就是让你在这妖魔鬼怪横行的世上走一遭，看日月星辰，尝人间烟火。并不是每个人都像钮祜禄 甄嬛一样，从甘露寺回来，换个唇色深一个色号的大气妆容，就能协理六宫的。大多数人，还得把这口气咽下去。

这一年里我去了很多很多地方，一个人去雪山去沙漠去大草原，我多么希望独自出发可以找到答案。

当我在四下无人的旷野迷路，当我离狼群不到一百米的距离，当我在深山里手机没电，我如此真实地感受到我的恐惧。

生活就是会开一些不经意的玩笑，给你转个弯，绊个道，然

后给你不一样的视角。

慢慢的，面对更多危险的事情，我都会在心里对自己说三个字，不要怕。其实更令人恐惧的往往不是悬崖峭壁，而是人性中恶的那一面。

哪有人天生就懂事呢，不过是亲身参与了游戏与规则，才更能体会其中的复杂与无奈。但我也学会欣然接受，因此更加感恩所有的善意和收集零星的温情。大概从今年起，我才变得不那么暴躁爱发脾气，变得越来越柔软，愿意倾听，也愿意喜欢自己。

虽然做蛋糕的日子里，依旧像“广告狗”的生活一样累。以前随身带一大把创口贴，用来贴脚后跟。现在换成了贴手指，因为厨房里的刀都太锋利。除了胃病之外，短短半年时间又给病历本上加了几条肩周炎腰椎间盘突出之类的毛病。

但是现在可以非常平静，不带一丝怨气地说这些，也不是诉苦。因为我觉得喜欢，哪里需要坚持呢，就是自然而然地一直做下来了。从小我就是胆子很小又怂的人，什么都怕，不管是蟑螂还是过山车。但这次，竟没有过一丝犹豫。

在厨艺方面完全算不上有天分，没有灵敏的嗅觉味觉，也不是出身烹饪世家。只能靠日复一日地训练。想要有酷炫刀工，那就踏踏实实地切土豆丝土豆条土豆片来练习，比专业选手付出更多的时间。

小时候觉得作家和平面模特都是老天爷赏饭吃的事情。前者拥有动人才情，写个段子都能掷地有声。后者拥有姣好面貌，一颦一笑都是风情。

后来认识了一些一呼百应的红人，他们都是朋友圈里最努力的。起得最早睡得最晚，如果不是亲眼所见，我一定不会相信有人能够坚持每天手写一万字的笔记。

也许所有放弃都是因为不够坚持，就像所有分手都是因为不够爱一样。

不管怎样，在新年倒数之前，只有默默地对自己说，加油啊加油啊，让自己可以成为战斗力Max的年轻人，去拥抱那些未知和慌张。

不敢说什么豪言壮语，不能改变世界，那也别被世界改变了。

愿新的一年，你我都有好运。

最 好 的 时 光

今天下午带着武汉的几个学弟学妹吃吃喝喝，我突然想不开地问了一句，你们今年多少岁啊？

听到的答案都令我崩溃。

我们是97年的啊，姐姐。

我看着这些十七八岁的朋友们，也许就像我妈看着我的感觉一样：哦，你们这些年轻小姑娘。

送走他们，刚才又和几个北京过来出差的朋友吃饭，87年的，对比之下瞬间感受到了岁月的无情。一个个脸上都是因为熬夜、抽烟、酗酒导致的用厚厚的遮瑕膏都遮不住的黑眼圈。

但吊诡的是，18岁的向往28岁的自由，28岁的惦记18岁的简单。大学怀念中学，工作两三年怀念大学，成家之后怀念单身，生完孩子开始怀念二人世界。彼此都认为那是最好的时光。

老年人总是偏爱怀旧的。好像过去的日子总是最美好，失去的爱人总是最登对。

其实伟大的普希金早就告诉你生活是个骗子了。一切都会过去，而那些过去了的，都将成为亲切的怀念。

无论是青春电影，还是怀旧金曲，或者一个复古课桌，一点点的风吹草动，都能引发集体大合唱：“想回到过去，试着让故事继续。”

我也一样，高考完觉得中学六年是最好的时光，再也没有比这更难忘的日子了，再也不会有这么好的朋友了。可是，在大学拍毕业照的时候，我却分明比中学时还要不舍和留恋。

再后来，我离开上一份在广州的工作。现在回想起来，那些加班到狂躁症发作的夜晚，都特别温柔。

前几天，我和我爸坐在一家中学门口的路边摊吃炸酱面。我看着放学一起等公交车的穿校服的小情侣们，吵吵嚷嚷要打群架的热血少年，就开始发呆。这些对一切充满新鲜感，天不怕地不怕的表情，总是很真实。就像这首花样年华的歌词一样美：渴望一个笑容，期待一阵春风，你就刚刚好经过。

那时候，听到半句嗓门儿大一点的话，就有挽起袖子揭竿而起的劲儿；还有撒娇的时候，可以豁出去的不要脸，都是原味的可爱。

我爸爸就跟朱军附体了一样问我：你，是不是很想回到中学啊。

大概他天真的以为我会顺着往下接，煽情一下追忆似水年华青葱校园什么的。然而，并没有。

现在回忆起来，那确实是很简单很美好的日子，但也不想重来一遍了。不想去做《五年高考三年模拟》，应付一堆大考小考月考会考了，用一些无聊的正经事，耽误快乐。

也许我们怀念的只是离别那一刻的伤感。比如中学毕业典礼上最后一次穿着校服拍照写同学录留言本；比如我是最后一个离开大学寝室，亲手关上宿舍的门；比如辞职之后把桌子上的东西一件一件收进箱子里搬走。

每一段时光，当我们到需要告别的时候，都会显得很美好，就像用美图秀秀一键修复了那些小皱纹小雀斑小赘肉，留下的都是最佳角度。而一旦身处其中，就像用了图像还原功能，泼了一瓶卸妆液，怎么看都是死角，怎么拍都不如意。

去年这个时候我在洛阳，那是看牡丹的最佳时间和最佳地点。朋友说，白马寺很灵的，你既然来了一定去拜一下。

像我这样，从小就很迷信的人，当然屁颠屁颠就去买了一炷香敬上，虔诚又贪心地祈求了一下，拜托啊让我各种运都要棒棒的。走到了那一间传说中最灵的殿，我看到门口的对联。

问观音何以倒坐，叹世事不可回头。

直到现在，我也总是会记得那一刻，好像一下子被击中了。也许没有如期归来，正是离别的意义。不能重来一遍，也是时间的意义。

故地重游这种事情我以前经常做。

比如我每年至少都要回两次武大，食堂大妈没有离职，报刊亭也没有被拆，篮球场上的小鲜肉还蛮帅，可是无论走到哪里，都还原不了当年那个感觉。

但是，现在想想其实这些都不重要。因为不像中学时候那么轴了，非要笃定地认为这6年就是快乐的巅峰，往后走都是下坡路。

走向中年的思路，大概也是变得松弛一些。很多事情没那么较劲，觉得非怎么样不可。比如最爱的人，最美好的时光，最难忘的味道。不要把话说死了，不然下一秒就打脸。就像可惜不是你这首歌，可能只有学生朋友才唱得格外动情和走心。

前几天看到窦靖童的一个采访，觉得真是一个在那个年纪里，酷得不一样的女生。记得这一段：

我不觉得他们幼稚，但我觉得我自己不需要这种叛逆。

很多同学不清楚自己想做什么，但我很清楚，当我说出这个决定的时候，我已经准备好了。我不能代表一代人去说什么，因为每个人都不一样。

什么时候是最好的时光呢？

我给一个特别没用的回答，现在。

不是那种小学一年级，老师告诉你，寸金寸光阴的现在。

而是，你明白人生有许多可能性，但是你可以把握其中一种可能性，并有勇气有能力去做的现在。

回头看看，风景在那里就好，不必真的再回去啊。

永 远 做 个 幼 稚 鬼

距离2009年6月7日，已经过去整整7年了。

我以为我每一年都会记得这个特别的日子，实际上根本没有。就像你以为你会对前男友前女友念念不忘一辈子刻骨铭心一样，等个三五年你就会发现，其实大家都会有忘记的那一天。

就像昨天，我明明盯着手机上的日历看了好久，一直在思考这天是朋友的生日我该送她哪个色号的口红呢。直到刚才在电梯上，听到旁边的高三学生说，考完下午的文科综合就解放啦。那一刻我才想起来，哦，又是一年高考了。

7年，说长不长，说短不短。有时候想起中学的一些片段像是昨天，有时候看着朋友带着她那一两岁的小宝宝出现我面前又恍惚得不太真实。回忆一下高考前一晚的自己，根本睡不着，倒不是紧张，而是兴奋得失眠。只要再过两天，就可以丢掉那些模拟试卷，可以不被家长老师管，也可以做自己喜欢的事情了，要雀跃地推开那扇新世界的大门了。

不知道那个闷热的夏天里，是不是藏着许许多多和我一样蠢蠢欲动的心。

6月7号下午是考数学，有个中学作文里常见的老套比喻手法，就是地上掉根针都听得见的安静，在那一天的考场里我第一次体验到了这个分贝。额头上冒着汗，还可以听到窗外的蝉鸣，头顶上电风扇吱吱呀呀的一圈一圈旋转。

最后一场考试结束铃声响起的时候，我飞快地抓着书包挽起裤脚走出校门，开心地朝着等我的小伙伴挥手，像是告别一段时光，根本不想再去讨论英语完形填空的答案是ABAAC还是BBBBB。

那一年的暑假到处玩，和小姐妹一起穿着彩色长裙走在云南大理的人民路，骄傲得就像孔雀，随便裹一条纳西族披肩就能张扬地光着脚跳舞。

可是，若干年后，我已经十分嫌弃那些穿长裙、头上插一朵花的旅游标配了。当年买回来的披肩也成了我阿姨打麻将时候用来盖大腿的毯子。只是回头看看7年前的照片，那些快乐都是不打折的八颗牙齿的明亮笑意。

所以，成长有时候是一个不断否定过去的自我的过程。

前几天“六一”的时候，和朋友一起去了我的中学。我已经很多年没有走进去过了，甚至当年上课的教学楼都已经拆掉重建。

作为一个被家里管教苛刻而严禁早恋的无聊乖乖女，我并没有什么毛茸茸的粉红色浪漫回忆，能想起来的只有黄冈衡水中学试题集上那些名师的头像而已。

正因为前18年的角色设定太无聊也太乏善可陈，所以那些缺失的恣意妄为胡作非为，都要在长大了之后找回来。

也许有很多和我一样战战兢兢长大的乖孩子吧，回忆里有那么多不快乐，有那么多不被好好对待的愿望。所以，长大了要选择做个熊孩子。

儿童节那一天的电玩城真是人山人海，能算是一年里面生意最好的一天了。因为有一群脸皮厚的成年人，和小朋友抢玻璃窗里的hello kitty，咬着唐老鸭和高飞的棒棒糖。当我拿着一打游戏币换来的娃娃的时候，开心得要和旁边小学生吐舌头做鬼脸，你看，我比你厉害吧。

在每一个人都恬不知耻地在微信上要儿童节红包的时候，其实都有一颗老得跟白垩纪化石一样的心。不再天真，不再可爱。都市人一个个都是利益至上，爱也爱过了，恨也恨过了，终于总结出一些教训晚辈的规则，不要横冲直撞免得头破血流。

大家一边转发着高考作文题，一边告诉你，不管考得怎么样，那只是决定你未来4年在哪座城市打游戏而已。这也是你人生中最后一场不看脸的考试，以后，就要拼爹，拼美貌，拼酒量了。

你看呀，高考之后，其实大家并没有成为那个想做什么就做什么的人，当然我也一样，疾速变成了一个无聊的成年人，无师自通地学会了social腔和公关脸，还有各种套路。

曾经可以明目张胆地喜爱一些质地热烈的东西，往烧仙草里面加大把的佐料，字母套头衫都能穿得飞扬跋扈。可是现在却千篇一律地给家里装上爱迪生灯泡，吃昌平名媛最爱的牛油果，钟爱性冷淡的素食餐厅。

我以前也爱甜死人的抹茶星冰乐，可是现在菜单都懒得看，只会点不加糖不加奶的冰山美式。大家都在自己划的一道警戒线里，给墨守成规一个好听的说法，叫作活得“克制”。

晚上和两个广告公司的朋友吃饭，她们还带了一个小实习生兼助理，是刚刚看完大卫 奥格威的《一个广告人的自白》，然后激情澎湃要投身广告事业的大三学生。

她深情地问我们，喏，你们的理想是什么呢？

虽然看着她就像看到当年的自己，但显然经过了几年社会潜规则的洗礼，大家已经摆不出什么跃跃欲试的热血姿态了。广告狗小胡的答案是：做甲方，虐乙方。“广告狗”小张的立意稍微高远一点：做甲方老板，虐乙方。她们俩看着我，知道我只需要

成长是不断抵抗这个世界的过程，

不管你是身段柔软还是手段激烈。

一句话的毒舌，就可以终结这个话题，完美地给这个实习生泼一盆冷水。但是，我决定这次不这么残忍。

因为我突然想起来一件久远的事情。

大三的时候，有一天中午，我在学校食堂突然接到北京奥美的电话：You passed。

那是我能够回忆起来的，最接近于“梦想”的一个时刻。刚刚学广告的时候，那是我心里殿堂级的公司，甚至是等同于“新闻理想”一般的存在，我会为了一个目标熬几个通宵改几十遍平面稿还乐此不疲。

但是，那种劲儿很难再有了。一想到要加班，心里都是抱怨。而且，束缚你的声音会越来越多，盲目崇拜是会被嘲笑的。很多人迫不及待地告诉你，再牛的公司，就那么回事。中国没有好创意，甲方至上，金钱万能。

时间总会磨灭许多热爱，即使广告这么有趣的一份事业。所以，我很鸡汤地跟小实习生分享了老金写的一句话：广告这行业是会给有才华、能坚持、有创作欲的人机会的。珍惜你自己的才华，世界上并没有怀才不遇这回事。

同样，我也把这句话告诉走出高考考场的我，刚刚拍完大学毕业照的我，和现在的我。

学长学姐会总结一些大学四年必须要做的Tips，比如一定要谈一场轰轰烈烈的恋爱，一定要挂一次科，一定要逃一次课，一定要参加各种社团，要混学生会、辩论队，一定要穷游走四方。

我现在看来吧，其实这些都不重要。

独立最重要。

因为在接下来的几年里，也许你会遇到不被尊重的热爱，不怀好意的宠爱，不被接受的喜爱，但总要不断找到“自己”，就像Chanel说的，流行易逝，风格永存。

不是别人说喜欢乖巧甜美的女生，你就去买淑女屋；不是父母要你琴棋书画样样精通，就用兴趣班填满周末的日程表。很有可能，大学时候的你会把“成为更好的自己，才会遇到那个对的人”当成座右铭，再过几年，你又会发现这个逻辑是错误的。

只有你真的喜欢这些事情，内心认可这种风格和生活方式，才能做自己。你知道温柔也是一种力量，你知道行走世间，需要一门武艺傍身，你知道免费的东西是最贵的。所以，才会获得内在的驱动力，学会接受，也学会拒绝。

成长是不断抵抗这个世界的过程，不管你是身段柔软还是手段激烈。

有一个词，叫作“Kidult”，可以翻译为童心成人。任何时间，任何地点，都会让内心的孩童来主宰看待这个世界的眼光和心态。

与其做个无聊的大人，还不如继续做个幼稚鬼。

微信，

那就微微地信

自从看了《黑镜》第二季，我就开始想，等到我死的时候，会不会科技已经发达到可以复制出一个机器人周小雨呢？

比如，某个互联网公司可以收集我在社交网络上留下的所有痕迹，微博、知乎、淘宝、大众点评、滴滴打车、微信的语音、文字、留言、购物清单甚至访问记录等信息。

以此分析和猜测、判断我是一个怎样的人，有着怎样的喜好，对社会事务可能抱以怎样的观点，如何组织语言与他人的交流。

然后，塑造了一个具有人工智能的替代品。

让我继续留在这个世界上，甚至连社交账号的时间线都不会戛然停止，服务器可以模拟我的思维发着早安晚安和自拍、鸡汤，我的网络人生也将继续下去。

说不定伟大的科学家真的能在炼金术士制造出长生不老药之前，实现这项技术。

今天你能和Siri打情骂俏，明天也许就能和逝去的人保持通话。

但是，那样，还是真实的我们吗？

我的亲人会接受那个虚拟的我吗？

那些留在Twitter、Facebook、微博、豆瓣上的自以为个性的话啊，真的个性到可以代表我们的地步了吗？

朋友圈展示的是真实的那个世界吗？还是我选择让你看到的世界呢？

无论何时何地，我们永远都不会离开一台闪闪发亮的手持设备，它似乎是一种成本最低的逃离现实的方式。

当我们的眼睛盯着“黑镜子”时，就无法去体验那些被镜子排除在外的感情。

我们饥渴地天天刷新社交网络，在无数无聊的状态分享中黯然神伤，曾经偶尔的沮丧被技术放大成巨大的失落感和没有存在感。

要知道，产品经理们每天可不只是在刷刷微博养养猫的，他们加班内容的一部分就是让你更加迷恋这些客户端，也就是所谓的用户粘性。

每一次迭代或微小的改变，都是无数差评投诉或是重度上瘾的反馈结果，小到朋友圈消息提示的那个红圈圈直径有多少像素，删除键是放在左边还是右边有多宽都是经过精心设计的陷阱。

记得读大一的时候，我们小组的讨论课题还是基于LBS的社交应用。老师说，未来会有这样一种东西，能让你迅速拿到这个教室里的所有人的联系方式，不管你们之前认不认识。

当时，我们班的男生都听得摩拳擦掌立刻对未来那个美好的世界充满期待。而今天，摇一摇附件的人甚至是任何一种带有定位功能的APP都能轻易让这种设想实现。

但是，这些炫酷科技带来的已经不仅是让环保人士头痛的污染问题，更多的是，让许多本已清晰的问题开始变得模糊。比如水军和抄袭成风，出轨和信任危机，语言暴力和隐私越界。最后连忠诚、正直、公平都要被重新定义。

有时候就是因为道理太多，所以我们并不能判断自己到底该听哪一个。

苹果到底该不该削皮已经是上辈子的事情了，而现在，陌生人正式握手之前，都需要先试探一下《小时代》到底好不好看，韩寒到底有没有代笔，Angelababy到底有没有整容，这三个人生终极问题的答案。

人们已经为杂乱无度追逐新奇而付出代价，

无论是支离破碎的注意力，

还是耸人听闻的纯真

就像某过气网红昨天刚在朋友圈发了一条“喜欢马頔的人，我们统统无法交朋友。”但是今天，我就清楚地听到他在我旁边不由自主地哼起了《南山南》一样，让人想翻一万个白眼。

满天飞的谣言或是鸡汤，都变得可以批量生产的。微博小编们虽然不是新闻传播学院科班出身，但是能清楚地将古老的“沉默的螺旋”定理发挥到极致。段子手虽然没有读过菲利普科特勒的经典之作，但永远有办法在一夜之间找到一间更衣室占领你所有的视线。

比这些更重要的是，虚拟的连接在逐渐改变我们，微信当然只是其中之一，还有更多的数据在塑造你。不只是你的领导能随时在工作沟通群里向你下达命令，而是虚拟世界潜移默化地“打扰”着你的生活。

比如，你已经不相信面前的人所说的话，而记得他在微信里的某条评论和点过的赞。

比如，就像患了语言交流障碍一样，丧失了面对面表达能力，必须深夜十二点之后，朋友圈发一句“i n 55! w !”，配上紫色头发的杨千嬅在楼梯口抽烟的图片。

比如，比一个人吃饭更孤独的事情就是一桌人都拿着手机吃饭。让美食带上滤镜留在相片簿里，而不是蠢蠢欲动的胃液中。

比如，你认识和评价一个人的方式，已经不是眼神里的诚恳，而是搜集他在网络上留下的所有痕迹汇集而成的数据库，并以手中的这一沓资料沾沾自喜。

比如，你也许会悄悄收藏《用微信识别男友出轨的十大终极绝招》。直到某一天，发现蛛丝马迹之后，在那个说过一千零一次晚安的对话框里，终结你们的爱情。

人们已经为杂乱无度追逐新奇而付出代价，无论是支离破碎的注意力，还是耸人听闻的纯真，大家突然发现自己作为一个真实的人已经很难再有“感觉”了。

当你听过了足够多的情话，就已经无法怦然心动。

当你拆穿了足够多的谎言，就已经难以放下戒备。

有时候，我们厌倦了精致的食物和旅途的风景，厌倦了政客的虚伪与谎话，厌倦了中规中矩的辩论与陈述，厌倦了无聊的生活，厌倦了平淡的爱情。

是的，我们也厌倦了日复一日不断在平凡中失去兴趣的自己。

但是，又有什么办法呢？

我不也正在微信上唠唠叨叨，才让你看到以上这些无聊的话吗？

而当你看到的时候，已经裹挟于洪流之中无法全身而退了。

那正确的打开微信的方式是怎样呢？

也许是不信那么多，只信一点点。

夏天是属于胖子的

据说，每个人生命中都会遇到一个叫“胖子”的人。

如果说物以类聚的话，我身边有很多胖子朋友。有时候我要是在手机通讯录里面输入“胖”字进行搜索，会跳出来小胖，胖胖，林胖子，唐胖子，胡胖子，死胖子等等，多得需要翻页的数量。

当然他们在体型上并不算真正标准的胖子，理性客观地来说，最多只能算“不瘦”。“不瘦”。但是女人的世界里，不瘦就是胖，如同逆水行舟。请牢记“你只是胖了一点点啦”，”，或者“你不胖啦刚刚好””又或者“你只是babyfaceBabyface啦蛮可爱的”，”，都是一些雷区，千万不要自以为是的说出口还以为这是对女性的赞美。

但我从小就有一个偏见，觉得胖子都很随和、幽默、可爱、闪着智慧的光。

而且，胖子一般都是“活的大众点评网”。

有一个成都的朋友，不对，成都的胖子，小马同学就是这样的存在。每次我自己或者是有朋友要去成都，我就把他的朋友圈翻一遍。

跟着他走，你就可以找到那种出品稳定鲜美而不腻的龙抄手，不用排队又好吃到哭的火锅，还没有被各种本地新媒体美食小编发现的烧烤摊，没有登上不得不吃的十大小吃排行榜但味道真的太对得起价格的街边小店。

光是这一点，就让众多美少女迷倒，大概可以从A排到Z，但是小马胖子非常不屑，因为，他的开场白一般都是，首先，我并不是一个直男。

所以啊，胖子是这么迷人，会吃的不一定是胖子，但是胖子一般都很会吃。因为美食总是让人治愈，就像夏天是一年中最美好的季节一样，因为好吃的太多了，让人心甘情愿地长肉。

夏天在我的印象里，就是小龙虾，冰激凌，和西瓜。

比起长沙，武汉人对吃小龙虾这件事情更加热情和执着。如果你不爱吃虾子，大概无法融入这半年里的任何一个社交场合。3月底，大概他们还在穿羽绒服的时候，最早的虾子就上市了。我以前在菱角湖的互联网公司实习，每天下班都会路过万松园，看到刚刚下班搬着小板凳排队的年轻人和不年轻的人，磕着瓜子，

聊着八卦。

那种感觉深深的留在我的脑海里，让我觉得夏天应该是这样的，一股充满市井气息的烟火味。

灯火阑珊，晚风习习，少女们换上这一季最新的长裙，一边温柔的笑着，一边挽起袖子，抓起一只颜色饱满的虾子，三下五除二剥壳去筋，蘸一两下汤汁，一口吞下去，再舔舔手指头上的辣椒，真是回味无穷，可以内心戏爆棚地做出像广告里面的夸张表情一样自我陶醉。

还有，就是冰激凌，其实一年四季都可以吃，但是夏天的味道总是特别一些。冰柜里的八喜可爱多麦旋风暴风雪红豆老冰棒好像自带滤镜，发出一种诱人的光芒。

小时候总会眼巴巴地看着冷饮店里的各种冰激凌，可脑袋还不够冰柜那么高，要踮着脚才能看清包装纸上的大头娃娃图案。

心里盘算着两块钱能买什么味道。要慢慢一口一口舔掉，舍不得咬大块，不然一下子就吃完了。

而现在，口袋里的钱足够买下所有的口味了，却没有当初那样的欣喜。就像属于小时候的那个夏天永远都不会再回来。

夏天可以开着空调盖着厚厚的被子睡午觉，这一定是人生中最幸福的十个时刻之一了。如果醒来有一个冰镇西瓜和一把勺子放在你面前，那应该可以算得上“没有之一”的幸福时刻了。

夏天的西瓜有一种特别正能量的感觉。让人想到骑着自行车穿过阳光下的树影，就像蓝色大门里的张士豪，花衬衫猎猎飞舞。那是令人嫉妒的夏天，有透明的海浪，有温柔的凉风，有年轻漂亮的高中生，他喊着她的名字，就像下课铃声一样动听。

跳到水里游泳，一身漂白粉味道地从泳池来爬起来，回家的路上猜今晚妈妈是不是做了凉面和盐水毛豆。

记忆里夏天可以逃掉体育课，篮球场上的高年级学长在喝着可乐眯着眼睛笑。那时候还不知道意式浓缩哥伦比亚，只知道买一杯3块钱的奶茶，往死里放糖，和17岁的夏天一样甜。

有时候觉得小时候的夏天才叫夏天，漫长得让人失去耐心的暑假，蝉声里追的偶像剧，空调房里吃西瓜，跟喜欢的男孩子在图书馆自修听着周杰伦的晴天。

每一年，从立冬这一天开始，我就在日历上画圈圈，数着还有多少天才到下一个夏天。好像只要一想到又能每天抱着西瓜吃，人生就有无限希望啊！

所以，不如想吃就吃吧，人生得意须尽欢啊。

胖子们，开心就好，真的。

到底该不该去远方？

为期七天的朋友圈环球摄影展落下了帷幕，有的人开始愁云惨淡地上班，有的人却略微欣喜和迫不及待。

小T老师，在长春人民广场说：“家乡、父母都和记忆里产生了偏差，只想逃离这里。”

小L同学，在杭州高铁站说：“离开这里去北京，反而更像是回家了。”

其实很多人都有相似的经历和体会，不然每年除夕的新闻头条也不会是关于春节到底回不回家的大讨论。

往小的说，回家连找个同伴一起跑步都找不到，因为这是一件和跳广场舞一起被打入中老年人娱乐活动的事情。

往大的说，当你适应了快节奏的生活，根本停不下来也慢不下来。大家都是五点准时下班，你加班到十点人家都不想带你玩了。

最最最麻烦的是，你需要机智地应对许多类似这样的对话：

开场白：“哟，女大十八变越变越漂亮了啊！”

高潮：“你怎么还没结婚啊？”

全剧终：“不如阿姨给你介绍一个吧。”

还好厚脸皮如我，可以自我调侃轻松过关。但我的某些朋友在这种情境下，会显得更加尴尬和无所适从，比如当他们是非异性恋人群时。

在这个连人物简介都要加一句“直男，或者目测直男”的时代，这实在是一件很普通也很普遍的事情。但是当你回家之后，就变成了一道异常难以跨越的槛。该不该以及如何向父母亲人出柜都变成了一门社会科学。

代沟这个东西，不是掌握了多少微博热门话题和网络用语就能消除的，而是观念上是否能够互相认可与尊重。

比如，有人问你，“为什么还不结婚？”

如果你说：“每个人都是独一无二的，有自己的特质和天性，追求的快乐与冒险也各不相同，然而社会却把这种统一的行为方式强加给别人，而为什么需要这样行事，人们居然连问都不问。”

对方很有可能一脸茫然地看着你说，“所以，你现在有男朋友吗？”

比如，有人问你，“为什么还不生孩子？”

如果你搬出杨丽萍那句话：“有些人的生命是为了传宗接代，有些是享受，有些是体验，有些是旁观。我是生命的旁观者，我来这世上，就是看一棵树怎么生长，河水怎么流，白云怎么飘，甘露怎么凝结。”

天哪，乖，别这样做。你想逼疯你的父母吗？他们晕过去醒来之后会说：“宝贝，咱生完孩子也能看蓝天白云啊！”

其实，无论在家，还是在远方，这些都是不可回避的现实。

为什么要去远方呢，因为那里有更多包容性和可能性。

你能结婚，也能不结婚。你能生二胎，也能丁克。你能当公务员，也能自由职业。

有，很好。没有，也不错。

人之所以痛苦，许多时候是因为没有选择。随之而来的，也失去了自由。

谁会天生厌恶爱情和婚姻呢?

喜欢才是一种天赋。

我们可都是闪闪发光，又温柔可爱的美少女，永远可以发自内心地爱一个人。这是多么美好的一件事情，就像春天的小鹿，夏天的冰激凌，秋天的棉花糖，冬天的炉火一般迷人，令人向往与期待。

那是能够让你即使身处人潮拥挤的地铁三号线换乘站，也丝毫不会觉得自己卑微与渺小的甜蜜力量。

那是即使你是一只小刺猬，也心甘情愿为之收起锋芒，用最柔软的小肚皮那一面对着的人啊，一想到要与之共度余生，手心里都在冒着粉红色的小泡泡，没有丝毫犹豫、恐惧、和算计。

不为日子皱眉头，只为吻你才低头。

而不是为了匆匆完成家族存续的使命而换来的一张格式合同，以及随机附赠的谎言承诺和捆绑销售的利益冲突。与其如此，还不如多听几句唠叨呢。

这里也并不是什么大型生活服务类节目，无法回答剩男剩女们的问题，只是这直接关系到今年春节你过得好不好。

当你“回家”之后，并不是无路可走，而是只有一条路可走，甚至那是一路坦途的康庄大道，同时意味着一步到位，一杆进洞，一镜到底。

但是有的人偏偏喜欢登山。危楼高百尺，手可摘星辰。

风险与机会并存，艰难与快感同在。大家又不傻，当然知道这比平路要辛苦得多，但那个未知的世界吸引着你不断向上，即使是为之穷尽一生的努力。

是因为身边的风景不如远方精彩吗？也不见得。

我一直很羡慕成都人，我觉得他们一定是上辈子集体拯救了地球才出生在一个这么好的地方。

所以人们总说，“少不入川，老不出蜀。”即使如此，我的

成都好朋友里面，依然有很多奋不顾身离开故乡的。

北京有正宗的红油火锅吗？没有。有人跟你血战到底打麻将吗？也没有。

但是，那里有无限可能。我们总有直面猎物的野心，也有子欲养而亲不在的担心。

当你走得足够久的时候，也许已经分不清楚家和远方，哪一个才离你更近一点。

今年跨年夜的时候，我正好站在太古汇楼下，抬头看到的整栋楼灯火通明，通宵加班的人们连零点那几秒钟也没时间停下来数个数。

也许有人正站在落地窗前望着夜色中的车水马龙，却看不清远方，因为路灯太亮。这虚伪的光明，遮住了星星。许多人在这里相聚别离，直至垂垂老去。

城市的魅力是致命的，外面的世界很精彩，也有许多无奈。选择了远方就要付出风雨兼程的代价。

当你生病的时候也没有人陪你打吊瓶，即使通讯录翻了一遍又一遍。然后跟家里打电话说：没事，放心，我在北京很好。我很忙，先挂了。

也许此时你会格外怀念妈妈炒菜时的背影，爸爸抽烟时的咳嗽。他们就像是一栋老房子，曾经为你遮风挡雨，但此时已满身伤痕，你不会对他们说一声抱歉，而是头也不回地离开，匆匆去远方。

但是你自私地知道，无论何时回来，这里永远是那个敞开怀抱等着你的地方，依旧有一盏温暖的灯，一桌丰盛的饭菜。

我以为认真去做就能实现我的梦
以为写首好歌走路就能抬起头
以为骑摩托车旅行就能变英雄
现在的我 失去了冲动

雨会下雨会停 这是不变的道理
夜空中北极星 迷路的人不恐惧
我唱歌你在听 一切风平又浪静

我只想牵着你 走到很远的梦里
香格里拉在那里 让我们去找寻

家在身后还是在远方呢？我无法说出你心中的答案。

我能想到的最好的结果，应该是接受远方的喧哗和挑战，并享受家的宁静和温情。即使二者不可兼得，也千万不要都只拿了最坏的那一部分。

试问岭南应不好？此处心安是吾乡。

我带着狗，
狗带着狗粮，
辞职去西游

建筑狗阿飞去看世界了，带着一只叫作建筑的狗。

阿飞是学设计的，和我一样曾经在地产公司工作，而且我们的公司离得很近，都是珠江新城的两座标志建筑。

他还是我的画画老师，但是只给我上过一节课，教了几个立方体透视角度，就不知所踪了，所以我的绘画技艺至今仍然停留在幼儿园大班水平。

这一切还得从他遇到archi那天说起。

某个周末的下午，他在朋友圈发了一只小狗的照片，说是路边遇到的，没有主人，一直跟着他走了很远很远，甚至过了三条马路。

小狗就像忠犬八公小时候的样子，可怜又可爱。

我说，没人要就给我养吧。

两个小时之后我见到了阿飞和小狗，他已经和小狗难舍难分了，完全忽略了要送给我这回事。

那，取个什么名字呢？

在我想了坨坨圆圆胖胖这种不下二十个俗气的称呼之后，阿飞突然冒出来一句："那就叫archi吧，architect的简称，既然我是建筑狗，那我的狗更应该是建筑狗了。"

从此以后，我在下班回家的路上，总是会在黄埔大道碰到一个男人悠闲地带着一条狗遛弯儿。脸上洋溢着的幸福感明显超过了身旁行色匆匆的路人。

想想认识阿飞这么久，他唯一一次请我吃饭还是因为他的狗饿了，所以顺便给我带了一碗筒骨粉，然后，我眼巴巴地看着他把那一大块美味的骨头拿出来给了趴在桌子下的archi。

在他如此悉心的照顾下，archi慢慢长大，也越来越帅气了。牵着它在路上走，总会有许多美女回头搭讪，忍不住摸摸archi，这让它的主人十分骄傲。

不过可惜，他和它，至今仍然是两只单身狗。

三个月之后的某个周末下午，他又发了一条朋友圈。

"走吧，趁天还没有黑，梦还没有醒。"配图是他开着车，archi的脑袋伸出车窗，地点定位是云南大理。

我才知道他辞职了，开车带着他的狗，一路向西，最后到了

大理，决定停下来。

对此我并没有感到很惊讶，他早就说过要辞职去旅行了。无需赘言，一线城市地产公司设计院画图狗的生活，比你想象的还要辛苦难熬。

只是我没想到他会因为舍不得把狗交给别人照顾，所以特地买了一辆车，这样就可以载着archi一起去看世界了。

很多人问他，这次旅行的意义是什么？

他说，我又不是陈绮贞，哪来那么多意义。

“开了一千多公里，在路上最大的意义就是注意休息安全第一吧。”

“别人问我辞职之后做什么。我说养狗吧。”

不过没有人相信。

“一直觉得，喜欢一样东西，才会一直坚持做下去。不算太长的工作经历，带给我一些思考。年轻人衣着光鲜地走进高档写字楼，想着未来。只是未来，一眼到头。”

“春暖花开的日子，只能在手机屏幕上点赞慰籍，曾经想去的山和海，只能变成法定假期的人山人海。”

“我们总是对美好的事情羡慕、向往。但我们总说有钱的时候没有时间，有时间的时候没有钱。其实完全可以从实际情况出发，没有女朋友就带一只狗嘛。路上许多风景是你不会预料到的，只有先一步步去走，才会慢慢发现和收获。”

所以，这并不是一个浪漫的故事，路上没有艳遇，也没有电影一般的历险记，只是平平常常的一个人带着一只狗出去玩，但已经足够美好。

不是每一个人都需要掌声，也不是每一件事情都需要意义。

尽管这个世界如此嘈杂，但总有人在快乐地跳舞。

开　一　间　肉　铺　，
不　卖　肉

罗斯福说，不做总统，就做广告人。

广告人说，不做广告，就去开咖啡馆。

老杨当然没有做出如此庸脂俗粉的决定，而是开了一间肉铺，有很“多肉”。你想象中的广告人是什么样子，老杨就是什么样子。当然不是指黑框眼镜+卷边九分裤+4A腔，而是一种质感，自然随性思维跳跃，却没有设计师的高冷。

老杨店里的陈设风格让我就有一种很熟悉的感觉：一边是凿了一半石灰的红砖墙，另一边是整面拼接的木板墙，还有何以琛同款沙发，以及各地收来的老柜子旧箱子，从日本带回来的瓷器手镯，还有墙上挂着的“摸=买"的小木牌，都在随时告诉你，这是一家奇妙的植物店。

然而不久前，这里还是一片废墟。烧了三天三夜的下河街大火，让一墙之隔的太平里也没能幸免。就这样，从设计到施工，老杨把火灾现场变成了现在的样子，说起来也有几分得意。

看到这里，观众朋友应该要问为什么要开这么一间小小植物店了。

“因为喜欢啊！”

老杨说他开这家店前，家里就已经养了上百盆多肉植物，现在不过是换了个地方，把它们拉出来溜溜，让更多人喜欢，一起分享这种快乐。

在广州的时候我也养了很多小植物，每天给它们浇水，看着小东西一天天长大确实是一件很开心的事情。而且我给每一盆都取了名字贴着小标签，比如圆圆、球球、多多、肉肉。最洋气的是一株非洲菊叫tiger（中文名虎妞）。

当然，这其中只有那个叫作肉肉的陪了我一年多，而且它本来应该是土培的，被我错养在水里，依然茁壮成长，所以多肉植物也是很好养活的。

这时候，老杨开始忙着把宝贝们搬到自己在天台上搭的阳光温室去晒太阳了。

“你还可以DIY呢，自己去选盆，选植物和景观，卡通造型，送给朋友也是一份特别的礼物。”

此时我一脸羡慕地看着杨夫人说，你太幸福了！那他是不是

and Plant
lents Yourself

经常把亲手做的礼物送给你？

她嫌弃地说："也只会收到这个礼物了，永远都是！你看，这个是去年情人节送的，这个是今年我生日送的，这个是结婚纪念日送的，欸，老杨啊，你没有把前几天送我的那盆卖掉吧！"责怪的语气却丝毫掩不住甜蜜的表情(也许这就是传说中的花式虐狗十八招吧)。

在一株沙漠玫瑰旁，放着老杨亲手写的便签："这种原生于沙漠中的植物有种异常的坚韧，即使干旱如斯也能美丽绽放，我希望我们的爱情，也是如此"

有酒有肉，有心头爱和心上人。即使没有面朝大海，这里依旧春暖花开。

这 一 生 怎 么 过 都 不 对 ，
但 进 一 寸 有 一 寸 的 欢 喜

每个月的最后一天或者是第一天，朋友圈和微博上总是同步出现一些神秘又可爱的照片，配图文字大概是：

一月开始了，迎接崭新的自己。

二月过完了，翻开新的一页。

今年已经过去了四分之一，要相信美好即将发生。

最后一个月，愿无岁月可回头，学会与自己和解。

就像一场集体“放大招”的月度活动，比某些生理周期还要准时。大家跟约好了一样，点开自己身上那个F5刷新按钮，一键启动“重新做人”。

健身卡找回来，垃圾食品收起来，书架上的书再摸一遍，在心里已经自动把日程本的每一个格子都填满了，就好像自己手持邓布利多的魔杖，轻轻一点，生活立刻变得井井有条起来。

当然，这种“老子要干一票大的，人生一路开挂”和“只求幸福安康，平平淡淡才是真啊”的状态在一个月，甚至是一天之内就能来来回回切换好几次。

我总是给自己找一些好听一点的说法，比如拖延症。如果公众号一个星期啥都没更新就知道我又病得不轻了。而且，偶尔要陷入一种“做什么都不顺”的状态，只能怪星座博主说今年要水逆168次了。幻想自己能做一只考拉，每天有20个小时都挂在树上发呆就好。

每次打开手机看到100条以上的未读消息都想瞬间死去，然后像瞎了一样默默关掉假装没收到。如果不是刷微博的时候还能面无表情地哈哈哈，很可能都会怀疑自己得了抑郁症。

看到一句话，特别适合自己：间歇性壮志凌云，持续性混吃等死。

而年轻的好处在于，你并不是无所不能，但是，你相信自己是无所不能的。

眼睛一闭，自己就是宋慧乔。

在无数次“再吃一口就剁手”的毒誓之后，相信总有一天能对自己狠一点，瘦成一道闪电，闪瞎你们的眼。

这种鸡血的状态会在某一段人生经历翻篇的时候达到峰值，比如失恋之后，你的体重要么剧增要么骤减。

因为根本就写不出来如何治疗好吗，我就是拖延症星球资深居民啊。但是呢，很奇妙的发现，哦，其实你们也是，其实大家都是。

我每天都会看到很多很多留言和私信，工作的想辞职，辞职的想流浪，流浪的已厌倦，单身的太孤独，分手的太想念，结婚的太乏味。生命不息，折腾不止。

人一生就六个字，怎么着都不对。

大家都是又作又拧巴又爱装的年轻人啊。很容易就一无所有，很容易就掉到谷底，很容易就不开心。

再多的壮志凌云在这些麻烦事面前，都一筹莫展。

比如最近也很惆怅的单同学，领子网的联合创始人。我曾经上班的地方正好可以看到他的公司，我也总是很羡慕他，各种光环集一身。

作为走在风口浪尖的创业青年，只有自己知道这种日子每天过得太特么痛苦了。但是他说自己在做的事情是有意义又有意思的，哪怕跪着也要做下去。我也经常看看他的公众号领子网，倒是改变了一些以前固有的看法。

其实我们对别人的痛苦是无法感同身受的。喏，现在反过来他又开始羡慕我，每天连吃甜品都变成工作了。

而我另一个朋友刚好是和他背道而驰的那条路，毕业之后衣食无忧地当着公务员，每天五点准时下班，回家研究排骨的11种做法，周末去郊区泡温泉，但是她也不开心。我去年在武汉见到她，完全不像那个能和我从街道口说到汉口两个小时不停歇的话唠少女了。

我说你这是失恋还是离婚了啊，忧伤都要逆流成海了。她却神情严肃地告诉我，她得了抑郁症。我的第一反应就是，Are you kidding me? 然后她从包里拿出了一盒药，现在在接受治疗了。

她说，父母已经安排好了后半辈子，多少年进市局，多少年进省局，哪一年买车买房，再择一人终老，对方是谁还不知道，但一定是国企，正式编制，本地人。

有人教我们要有诗和远方，也有人教我们父母在，不远游。那到底是游，还是不游?

有人把生活比做下棋，一步有一步的方寸和章法，有最佳走子和最后赢家。但我觉得生活倒更像是俄罗斯方块，你知道下一块是什么形状，但你看不到下下一块是什么，是不是能正好匹配你精心准备的那一个空位置呢。

当你沾沾自喜地庆祝消掉两三排方块的时候，新的难题又来了。因为这个游戏永远都不会结束。

而且，往后的日子也和俄罗斯方块一样，就像自带加速器，越过越快，越过越快。

还记得上次许愿是什么时候吗？眼睛一睁一闭，2月份就过完了，也就是一年的六分之一。

不知道你的愿望有没有达成六分之一呢？

今天看到了曾经公司的一位同事因为劳累过度而突发疾病去世的消息，大家在伤心的同时，也在反思自己该如何生活，如何正确地拼命。

曾经我是从来不坐早班机的，因为起不来。但是有一次只剩下最早的航班了，当我眼睛都睁不开地赶到天河机场时，看到大厅早已人满为患。

清晨的阳光穿透整面墙的落地钢化玻璃，旁边的时尚编辑小美女都已经画着全智贤同款气质裸妆瞪着12厘米的高跟鞋精神抖擞地看杂志了，好像连睫毛都带着雀跃。

大概这就是爱得生机勃勃，所以，进一步有一步的欢喜吧。

Chapter 4

偏颇爱你，宽阔爱你

两个人玩手机，不如一个人吃饭

晚上6点，走进城市繁华中心的任何一家餐厅，都会看到很多情侣，隔着小小的餐桌，你在这一头玩手机，我在那一头玩手机。好像那个闪光的4寸屏幕，比面前的美食和对面可爱的脸，都要迷人得多。

两个人一起玩手机就算了。最怕一个人玩手机，另一个人看着玩手机的人，瞪着可爱的大眼睛生气，而那个人玩手机的人直到面前的菜早已放得冰凉，还浑然不知。

"工作这么忙，当然要抓紧一切碎片时间。都老夫老妻了，你看那些不停说话的一对对啊，肯定都是相亲第一次见面的。怎么我就玩一下手机就是不爱你了呢？小题大做。如果你和手机同时掉到水里，我一定先救你，亲爱的。"

吃饭的时候把手机收起来，在商务场合，是一个基本的礼仪。但是，我们对更加亲密的人，比如家人，爱人，好朋友的时候，就很随便了。基本可以吃完一顿饭都不抬头，集中精神把知乎豆瓣微博微信都刷一遍赞一遍，然后再打开美图秀秀把每一道菜加十个滤镜，传到知乎豆瓣微博微信。

你有时候根本不知道坐在对面的他到底喜欢不喜欢这里的红烧排骨，以为他在拿着手机发邮件生怕打扰。可是，一点开他的朋友圈，才看到他刚发了一条，哦，原来不如5年前的味道了。

心里想，可恶，肯定是五年前和前女友一起来过。

误会有时候就是来得这么容易。手机本身是一个用来沟通的工具，却让我们之间的距离变得更远。你不敢漏掉每一条振聋发聩的行业信息，却错过了身边那个人的一颦一笑。

当然，我自己也得做检讨，因为我也总在吃饭的时候不停地打电话、工作、拍照、修图。

有一天下班了，同事打电话给我要确认广告设计稿的LOGO大小，因为马上要发给报社印刷了。为了贯彻我司一直以来的设计理念，我当然说，“要大的要大的，越大越好啦，往死里放大。”

10分钟之后，平面稿没发过来，服务员倒是给我端上一盘10人份那么大的小龙虾。他说刚才问我的时候不是说要最大的吗？我……可能当时我的心在滴血。

正因为工作很忙，所以有时候连想找个一起吃饭的人都难，等别人下班起码要两三个小时，还得这个那个互相迁就。所以，

节奏越快的城市，会看到更多一个人吃饭的身影。也因为大家也很忙，所以不会有人care你是不是孤独，是不是人缘太烂没人陪。

有一次我到了内蒙古的一个小镇上，没有任何认识的朋友。吃晚饭的时候，我就在路边买了一块馅饼，路过一个小公园，然后一个人坐在石凳子上啃。

周围很安静，可以听到水流的声音，可以看到远处山脉沟壑纵横的纹路，可以看到天上的云蓬松的小卷毛儿，一会儿是红色，一会儿是金色。我已经很久很久没有这样安安静静地看过日落了，当时觉得手里这块干巴巴的三块钱的饼就像涂了小熊维尼的蜂蜜一样甜。

幸福地填饱了肚子，短时间内身心变得随心所欲，这种不被人打扰、毫不费神地吃东西的感觉，也是一种治愈的力量。

当然，日常生活里，一个人吃饭会比呼朋引伴来得更加草率。比如我就经常吃重庆小面、沙县小吃、黄焖鸡米饭，他们都收摊的时候还有麦当当的麦辣鸡翅扭扭薯条，再晚一点下班，通常就只剩下24小时便利店的黄桃酸奶、张君雅小妹妹干脆面和最后一个紫菜鳗鱼饭团了。

有时候吃多了也觉得不太健康，或者工作忙到连下楼买饭的时间都没有。后来学会了自己用微波炉做一些简单的东西，做便当带到公司去吃。

我记得我上回发过我做的一星期早餐：打开一天的最佳方式——来一顿元气早餐！ 然后有人问我，哪有时间搞这么多名堂啊？

其实，如果把认真吃饭变成一种习惯，而不是应付了事，会觉得逛超市买菜也是一件开心的事情，或者缓解压力的一种方式。甚至之前乱糟糟的生活也变得有序起来。

希望你认真赚钱，也能认真吃饭。

每 一 句 晚 安
都 是 我 想 你

小时候觉得，最孤独的事情是老师说：周小雨，全班就只有你一个人没交作业了！

长大以后，最孤独的事情是喜欢的人说：随你吧，你要这么想我也没办法。我走了。

当然我知道这都是假话。但是心里还是一万点的难过，觉得全世界都抛弃了我。

说到孤独时刻，有人说是一个人吃火锅。

我也曾经体验过一把。有一次出差回来是非常尴尬的下午三点半，我一个人溜达去了正佳广场的吉野家，点了一个牛肉小火锅。当时既不是中饭时间也不是晚饭时间，所以偌大的店里只有我一个顾客。

心里想，嗯，这应该是孤独的最高境界了。

脑海中刚响起一阵武侠片萧瑟的音乐，谁知道，这个时候几个工作人员开始吃员工餐了，可能他们都觉得我太孤独太可怜了，于是坐到我这一桌陪我吃了起来，还多给了我一大碗牛肉一大杯可乐……

还有人说，孤独是一个人看电影。

曾经有个女生一个人抱着一桶爆米花，坐在我旁边。我都替她觉得尴尬。心里叹息，茫茫人海，居然找不到一个能陪自己看电影的人。

后来发现，是我内心戏太多了，可能人家看我也觉得我才是愚蠢的人。因为，一个人看电影的感觉实在是太好了。

我记得我第一次一个人看电影，是在内蒙古的乌海。城区里实在是没有什么景点可以看，也没有什么商场可以逛，距离返程又还有好几个小时。我就在上午10点这个神奇的时间，一个人享受包场的待遇看了一部电影。

当全剧终，灯亮起，周围空无一人的时候，就像是一场真实的梦境。

比较惨的一种孤独是一个人去看病。挂号、交费、拿药每一样都是劳心劳力免不了排队。本来就一身病痛，还要眼巴巴地看着旁边的人情意绵绵嘘寒问暖。连手术知情同意书都得自己签字。

在孤独终老之前，也许终极版的孤单是一个人的旅行。

电影《前度》的女主角周怡每回要与男友去旅行，总会遇上突如其来的情况，使旅程泡汤。但其实，像周怡的妈妈那样一个人独自出发，也可以玩得很快乐。

周怡说："选错了才知道身边不是最爱的那个。"

妈妈说："错，不是身边的那个不是自己最爱的。而是，自己最爱的那个，已经不在身边。"

"最重要的是你自己。去旅行，自己去就可以了。"

周怡喜欢吵架摔东西，打烂了许多玻璃器皿，最后又哭着问男朋友："以后我们买塑胶的好不好？"

所以即使她已成为前度，他还一直保留着用胶杯的习惯，哪怕现在的女朋友已经温柔体贴得不会任性，不会随便发脾气，也不会作天作地了。

但是文在身上的印痕，可以用激光清除。磨灭不了的痕迹，是习惯。

即使跟自己说过一万遍，不许念旧人。但这些旧人留下的习惯是很可怕的，时时刻刻提醒着你那些一起牵着手走过的路，一起喂过的鱼，一起晒过的太阳。就连逛超市看到一瓶酸奶，都能成为心头的一根刺。

有的人孤单只是因为有一个让人难以忘记的前度。

就像春娇说，我努力摆脱张志明，却成为了另一个张志明。

也许让她念念不忘的，是手机上的那条简讯。有时候，我想你，是比我爱你更难说出口的一句话。

爱是轻飘飘的三个字，可以披着轻浮戏谑的外衣脱口而出，但想念却沉重真实，想触碰又马上收回手，以至于要辗转反侧百转千回都不肯说出来。

KK同学说，挺好的，像儿童节、青年节、重阳节都只能过一段时间，而光棍节可以过一辈子。

听起来有点悲伤啊，不过有的人自己就是一个王国，孤独也自得其乐。

我天性不宜交际。在多数场合我不是觉得对方乏味，就是害怕对方觉得我乏味。可是我既不愿忍受对方的乏味，也不愿费劲使自己显得有趣，那都太累了。

我独处时最轻松，因为我不觉得自己乏味，即使乏味，也自己承受，不累及他人，无需感到不安。

大家变得越来越忙，也越来越懒了，懒得寒暄懒得约会懒得从头开始交待自己的人生，还不如自己跟自己玩。

又到了那个属于孤独的人的节日。

世上本没有节，单身狗多了，也就要抱团找个庆祝的理由。

孤独没什么不好。

只是，我不愿再让你孤单。

你 说 今 晚 月 光 那 么 美 ，
我 说 是 的

“我和你点了同一种味道的冰激凌松饼，我可以坐过来和你一起吃吗？”

听到这话的时候，我正拿着Ipad看《奇葩说》，心里想着现在怎么还会有这么奇葩的搭讪方式。

抬头一看，是一个短头发的小女生瞪着眼睛一脸惊恐地看着我，左手托着一个巨大的盘子，右手拿着一个巨大的杯子，手臂上还挂着一个包，看她这么可爱，我又怎么忍心拒绝。

聊了两句才知道她是从成都过来旅游的。我没话找话地问她：“你是休年假吗？”

说完我就后悔了，她说她才刚过20岁生日，也就是传说中的95后……这次刚刚从英国回来，马上要去新加坡读大学三年级了。

看我一副冷场的样子，她马上笑眼盈盈地说：“没关系，你不用怕，我就是不喜欢一个人吃饭，所以打扰你了。”

接着，5分钟之后，我们开始聊《奇葩说》里的马薇薇为什么会和周玄毅在一起了。

十分钟之后，她开始歪着脑袋掰着手指头数前男友。

我果然已经跟不上年轻人的节奏了。

不过聊着聊着慢慢觉得，她有超越年龄的成熟，却依然可爱。

善解人意、聪明风趣，浑身幽默细胞，总是带着灿烂笑容。不会因为男朋友与别的女生说话调情而胡乱吃醋，也完全理解男人因为哥们聚会而错过和自己定好的约会。敢爱敢恨，洒脱恣意。

她说，“好好说话”四个字是提高幸福感的重要途径。

她说，如果你不爱说话，我可以一直说一直说一直说，如果你爱说话，我也可以一直听一直听一直听。

看着她那不管说什么都很开心的样子，突然想到了身边的许多人。

心里想着“回来”，说出来的却是“滚”；他说：“今晚月光好美啊。”她心里说：“对啊，真的很美呢”，嘴里说出来的却是，“你是不是和别的女生也一起看过，还说过同样的话？”说着说着就吵了起来，吵着吵着就累了，觉得不爱了。

前一阵子有一部很火的电影《消失的爱人》，很多人都从镜头中看到了自己的影子。

童话的开始，悲剧的结局。电影里Amy最后的报复固然变态，但也让人觉得可怜。她了解丈夫的一切，但是想要的不过是对方同等的在意和了解。所以她在每年的结婚纪念日都要玩一个寻宝游戏，唯一的目的只是希望他了解自己更多。

但是，Nick却连她“生病时必吃的甜点”都不知道。更可悲的是，他明知妻子用意，却已不愿去费心了解，甚至不愿多说一句话。

当然，生活中的Cool girl 总是少数，大多数女人都是不酷且“作”的。可能只是因为大多数时候，我们都不愿意“好好说话”。

记得有一次在广州搭地铁，旁边是一对夫妻带着一个两三岁的小孩，从地铁开动的那一刻起，小孩就止不住地嚎啕大哭起来，是那种失控的尖利的声音。原因应该是父母应允了某事却未做到。小孩哭得极为认真也极为伤心。尽管周围的人露出反感的神色，小孩却丝毫没有停下来的意思，或许也是在他小小的世界里根本不必在乎这些。

突然有那么一丝羡慕他，因为只有在那样的年龄，才可以肆无忌惮地撒娇甚至是撒泼耍脾气。想哭就可以歇斯底里地哭，直到对方妥协。而长大之后，这些都会被当成无理取闹无可理喻无事生非的行为。

为了给自己的情绪一个出口，我们会找许多矫情的理由和借口，发微博发朋友圈，拐一万个弯都不把心里话说出来，比如简单一句："我好想你。"

在语言的进化艺术上，我们都走得太远，或许应该放弃那些迂回的修辞和欲扬先抑的表达方式，回到三岁儿童的状态。

有时真正幸福或不幸的人，多数是沉默的，语言不用来抒发期望，便是表达谎言。

如何翻译I love you？夏目漱石说，"今夜月色很好"就足够了。

你说：今晚月光那么美。

我说：是的。

因为你是恒星

我最近看了很多场婚礼，因为要做宴会的蛋糕，所以八卦的我，有时候会站在最后一排，悄悄地听一听陌生人的小故事。

每一场婚礼，都有两个很感人的片段。

一个是新娘的父母挽着女儿，把她的手郑重地交给新郎的那一刻的不舍。

妈妈特地提前一天去做了头发，昨晚睡觉的时候还小心翼翼地不敢翻身生怕弄乱了造型，今天一大早就穿上了找裁缝定做的藕粉色小洋装，拼命收紧小肚子，不停地问闺蜜阿姨们好不好看啊。

爸爸拿出压箱底的西装，像年轻时候一样意气风发。可是，比起小时候带自己去游乐场时候的样子，分明是老了那么多。

就像一场排练了好多次的舞台剧，曾经无数次的盼望过这盛大的场面，可是真正到了落幕的时候，却突然希望最后的告别能够来得迟一点。哽咽地凑在女儿耳边轻轻说：

宝贝啊，以后在另一个家，可不要任性了。

还有一个“特别时刻”，就是交换戒指之前，新郎结结巴巴说话的时候。

小伙子上台之前一定是偷偷地喝了一杯贵州茅台来壮胆子，看着台下的兄弟们起哄也豁出去了。可是额头上还在不停地冒汗，憨厚的样子就像一只哈士奇。

拿着话筒的手控制不住地在抖，从他们第一次见面时的尴尬说起，说到她鼻子上那一颗连遮瑕霜都盖不住的小雀斑，说她盘着腿窝在沙发里刷淘宝的样子，说她做得难吃得要死的小馄饨。

其实，他都喜欢。

唠唠叨叨地一直说到，嘿，从此以后我们要一起经营一个家了，你愿意吗？

对面的女生早就把化妆师辛苦画好的睫毛眼线都哭成了乱糟糟的一团，怎么从来没有听过这些，这家伙是不是把这一辈子的情话额度都攒在这一天用完了。

以前参加了几次好朋友的婚礼，每次都哭得稀里哗啦。虽然大家平时说话都嘻嘻哈哈口无遮拦，可真要表达感情的时候，一个个含蓄得像是古墓里钻出来的。只有到婚礼这一天，才勇气值满格。

所以啊，女孩子才总是对婚礼有无限憧憬，除了穿婚纱，也想听听他笨拙的真心话。然后把这些像奶油蛋糕一样绵软又沁甜的誓言，心满意足地打包收藏起来，转身投入柴米油盐的琐碎中。

偶尔从那个盒子里切一小块，回忆起当时的感动，也足够原谅那个越来越不体贴不浪漫的他。

每一个商场的巨幅海报上都写着，520表白日。其实我觉得表白两个字古老得就像只能出现在95版的新华字典里面。

这一天更像一个柔软的日子。

可以明目张胆地撒娇，可以肆无忌惮地任性，可以不讲道理地幼稚。

很多时候我们都很爱伪装，说话要顾忌场合，顾忌对象，顾忌时机，顾忌面子。而这个在日历上标着小爱心的节日，给笨重的生活划开一道口子，把那些让人听了起鸡皮疙瘩的心里话都放出来。

不管是拥有的爱，还是逝去的爱。每一个柔软的瞬间，都是真实的存在过的。不管那个人现在是否还在你身边，那些记忆都一直在。

走在路上都能无缘无故笑起来，可能就是想起那个名字刚才发过来的一句话一个表情。

当朋友把你的手机抢过来打开聊天记录，却完全找不到笑点在哪里。可能两个人有一套自己那个星球的标点符号和表情包。

你知道吗，这就是爱情呢。

只有从来没有爱过的人，才以为爱是一个渐变的过程。爱永远是突然降临的。

如果漫长的岁月是一个大大的储物柜，那就把爱意均匀地分配到一个个小格子，落在生活中一地鸡毛的疲惫里，落在你觉得这条路好艰难就快走不下去的岔路口，落在一次冷战的夜晚，一个人坐在阳台数星星的时候，落在一点都不可爱的狠话里。

提醒你是时候回头望一眼，一个个柔软的瞬间，忍不住地笑一下，连心里那些张牙舞爪的小恶魔都融化了，说起那个名字的时候，还是软软糯糯的像咬了一口棉花糖。

哦不对，是跳跳糖，因为不仅甜，还会噼里啪啦地在心里开出一朵花，自己偷着乐。

从校服到婚纱的浪漫

我们看了那么多青春片，即使情节老土到丧心病狂，但还是会被感动得一塌糊涂，因为心里总是有那么一个对号入座的人，和一段最好的时光。

当生活陷入困顿无奈时，总是习惯把青春岁月兑成一剂解药。

那些年的回忆就像一颗甜蜜又酸涩的柠檬糖，哪怕只有一点点光芒，偶尔拿出来看一看，就觉得是晒到了整个夏天的太阳，脸上的毛细血管也开始不经意地发烫，也像吃到了最甜的圆筒冰激凌，舌尖上那些铁证如山的糖分告诉你，生活也曾如此温柔。

春节，三金同学从上海回来了，我们毫无新意地又约在中学门口的咖啡馆见面。

可能每个人的学生时代都有那么几个形影不离，连上厕所都要手牵手一起去的好朋友。

我和她认识的第一天，她就把小学暗恋哪个男生告诉我了。要知道，这在青春期，可是一个女生心里最大的秘密。

当年不知是省钱呢还是减肥，两个人中午在学校门口一起吃一碗四块钱的蛋炒饭。一起迟过到，翻过墙，罚过站，抄过作业，写过检讨。

那时候虽然看书看得近视，但是却有一种特异功能，就是在清一色的穿着校服的人群中，一眼认出那个心动男生。因为个子高所以有些驼背，书包是黑色的，拉链上有一把红色的小钩，投篮命中率到底是多少从来不关心，只知道运球的样子很帅很拉风。

我们就这样一起趴在教室的窗台上，眨着空洞又无知的大眼睛，思考着一个伟大的问题，我们以后会嫁给一个什么样的人呢？理科生还是文科生，喜欢篮球还是足球，是不是像周渝民一样乖。

那一年，我们12岁。

真的没有想到所谓“十多年的好朋友”这种事情，会来得这么快。我们初中毕业的时候，正好是中学建校，今天一刷朋友圈，都看到110周年的校庆活动通告了。

一转眼，已经十年了。

很多时候，我说哎呀，老了老了。真的也就是说说而已，我脑子里没有任何一个回路觉得自己老了。

但是，前几天路过一所小学，看着两个小女孩走在前面，背着米奇的书包，还听到了几乎忘记的眼保健操的音乐。

那一瞬间，我觉得前面有一段十几二十岁的美好时光等着她们，那条路好长好长，还有无数的可能性，那种感觉太好了。也体会到了我妈把我和我朋友们统称之“年轻女孩子们”的心情。

长辈们的口头禅之一就是，小明小红长大了啊，真懂事。

你知道那种表面上的懂事，指的是端茶送水嘴甜听话。是因为过早知道了成年人世界的一些套路和规则，以掩藏起天真性情为代价的。

而真正的长大了，这句话得有一天自己说出来，或者在心里说出来，才算数。

我们不是那个一家小小的文具店都能逛三个小时的初中生了。而是小心翼翼的计算出门上班的时间，努力工作，也努力犯错。

曾经天不怕地不怕教导主任也不怕的精气神，现在都拿来给客户点头哈腰拿烟敬酒了。

不再觊觎妈妈的高跟鞋，自己包里随时带着5只口红，COCO小姐的粉红色瓶子都显得过于甜腻和平庸。

尽管大家唱K的时候永远还是那几首“晴天”“倒带”“爱我

别走”，但是再也不会抢着要看那个男生的照片，而是把所有的祝福都塞到烫金喜字红包里。

我身边有许多和我一样“作”，或是比我还要作那么一点点的小姐妹们。但是，三金绝对不是其中之一。她从来没有抱怨过感情难题，从来没有陷在忧伤情绪里不能释怀，从来没有反复掂量过他的爱与关怀。

我问她，你为什么这么淡定啊？

她说，中学生那时候才会有什么偶像剧情结，但是现在，当这个人出现了，你会觉得，就是他啊，就是要一起把日子过下去的人。水到渠成，没什么纠结的。

我瞬间有一种艺术人生朱军附体的感觉。又问了一句，那有没有什么特别让你感动的事情呢，或者哪一个瞬间你觉得找到真爱了？

三金同学特别酷炫地说，如果不是自欺欺人呢，他爱不爱你，你一定知道的。如果还要怀疑，那就是不爱。

每一对在北京或是上海打拼的年轻人的故事，即使不用任何形容词，即使刻意去除议论和煽情的部分，许多东西说出来都是非常“北京”，非常“上海”的。

任何一件鸡毛蒜皮的事情都能让你的心情比A股还要动荡。任何一些家长里短的麻烦都是现实版的杜拉拉升职记奋斗蜗居裸婚时代和婚姻保卫战。

因为生活是琐碎的。

碎到谁先下班就先去菜市场带菜回家，一三五谁洗碗二四六谁做饭，就算今天愤怒得摔碗，明天还是得照样洗碗。

碎到吵架了摔门而去还不忘拎上厨房里要扔掉的垃圾袋。

碎到记住彼此父母的生日，商量送什么礼今年过年回谁的家。

碎到买郊区新房还是学区老房，售楼小姐给的那个九三折还能不能再往下压一点。

然而，三金同学特别轻松地看着我说，早就习惯了，没关系，慢慢来啊。

想想也确实没有什么关键的伟大时刻，证明他爱你要比你爱他多一点点。那些看似幸福的招式，不过是经商业包装过后的发明。而“其实他不喜欢你的36条证据”里任何一个面部微表情，也不能成为一条分开的理由。

围城之外的人总想找到一本Lonely Planet似的指南。毕竟老师逼迫你背诵元素周期表和大清帝国每个皇帝的名字，却从未告诉你如何面对爱情里向左走向右走的艰难选项。

即使后来，我们道听途说的一些快捷方式，比如“爱打羽毛球，喜欢张靓颖，常喝抹茶星冰乐——是判断直男与否的三大标准”，也都是段子手瞎扯的，爱不爱你这道题还是得自己来解。

困扰我们的迷之难题，可能从那个篮球场旁边那个给他送可乐的女生到底是不是暗恋他，变成了生二胎养不养得活没有户口上不上得起私立幼儿园。

十年之后，当山盟海誓变成了唠唠叨叨，爱心早餐回归到柴米油盐，褪去一颗浪漫之心，欣然收下时间给你的这份惊喜。

好久不见，
再难相见

他曾经说，一段关系结束之后，最重要的是学到了一些东西。

如果我和他的关系结束了，那我学到的一定是放弃。

“周小雨，我们去吃冬瓜盅吧！”

“不去，我要吃豌豆炸酱面麻辣小馄饨蛋包饭..........”

直到冬瓜小姐和我说了一百遍之后我依然没有陪她去吃，因为这道菜听上去实在是太让人没有食欲了。

终于，第一百零次的时候，冬瓜在电话里嚎啕大哭起来。我说你不至于吧，走走走，我陪你去吃十份。

“我和他分手了。冬瓜盅是他曾经做给我吃过的菜”

怎么说呢，我也不知道怎么和处女座的冬瓜成为好朋友的。她是那种自带背光出场的女神，金字招牌的学校，众人挤破头想进的工作，身材好得绝对和冬瓜两个字不沾边。

但是，她高冷且毒舌，附带浑然天成拒人千里之外的气质，一点也不像我印象中大大咧咧自来熟的北京女孩。如果不是这样，她的追求者应该能绕花城广场两圈了。

她就像我的小叮当一样，每次我十万火急地打电话给她，说excel搞不定了文案写不出了的时候，她一定会在30秒之内提供最佳答案。

她也总会提着一袋子最新款的各种size收纳盒储物箱甩给我，然后跟我妈一样唠叨，周小雨，求求你收拾一下你的狗窝好吗。

所以，处女座的朋友真的能让你成为更好的人。每次见她之前，我总要先检查一遍包包乱不乱，钱包里的人民币有没有按数值由大到小地整齐放好，眼线有没有飞出去，不然要被她嫌弃一万年。

因为我们俩的公司离得很近，所以我总能准时收到她的微信，“周小雨，我知道你肯定还没吃饭。晚上十点，兴盛路，O记茶餐厅。”

每次我们俩点的都能比旁边那桌一家五口还要多，滑蛋叉烧饭云吞面干炒牛河红豆双皮奶菠萝油，然后开启疯狂吐槽工作的模式。不过吃完这一顿，就好像什么负能量都没了。

不过，她也有软肋，也许就是她那件不那么坚实的铠甲吧。

所以，接到那个电话之后，我马上把手上一堆文件丢给林胖子就飞奔去了兴盛路，看到她坐在O记旁边的爱尔兰酒吧。

那是我第一次见她灰头土脸意志消沉的样子，桌上已经摆着几个空杯子了。她抬头红着眼睛看见我，哇地一声就哭出来了。引得旁边穿着晚礼服的俄罗斯姑娘嫌弃地用中文说了一句“神经病”。

我以为“翻白眼小天后”一定会漂亮地回击，没想到她只是哭得更厉害了。就像一只受伤的小鹿，失去了所有力量，微微发颤。

“一箱科罗娜。”

虽然我有胃病不能喝酒，但是关键也不能怂啊。看她这么难过，索性陪她喝个痛快骂个彻底。Waiter砰地一声把箱子放在我们桌子底下，那个俄罗斯姑娘又把翻上去的白眼斜了下来。

“没见过神经病喝酒啊。”

其实他们的故事很简单，一句话就能说明白。校园恋爱，毕业后男生出国，女生国内工作，异国恋半年，男方劈腿于是提出分手。

当然这两个时空中间连着的是浪漫温柔，是一起走过的路，一起看过的风景，一起吃过的每一顿饭。那些只有他们知道的甜蜜味道，在都如同变质的罐头一般加倍翻涌上来。

换了别的小姐妹，我想都不用想，肯定是劝她果断分手了。

但是到了冬瓜这里，我有些于心不忍。尽管她是那么高冷那么毒舌天不怕地不怕的人，现在居然连在微信上说一句话的勇气都没有。

“我怕他把我删掉，因为我现在看不到他的朋友圈了。如果不说话，不看到那条提醒，感觉还能有一点点希望。”

做为一个旁观者，听到这话都心疼。

好死不死的是，这时候背景音乐放起了陈奕迅的《好久不见》：“我来到你的城市，走过你来时的路，想象着没我的日子，你是怎样的孤独。””

冬瓜说，“这是我每天都在做的事情啊。因为他从小在广州长大，所以为了看看他曾经生活的地方，我才来广州工作的。

我多么希望他能在广州带我走街串巷去吃好吃的。只要周末有时间，我就会去他说的那些好玩的地方，去他读过的小学，中学，走一遍他曾经跑步打篮球的地方。我一点都不想去回忆这些东西了，这两年都白过了。”

有的人分手了会拉上闺蜜一起骂那个渣男，诉说自己如何付出对方如何冷漠有恃无恐。

但是我知道冬瓜不是这样的。

她找我根本不是为了听我的意见的，只是希望我陪着她慢慢地把体内的悲伤放出来，流到很远很远，就像今天晚上的月色和微风。

她的爱从来没有丝毫猜忌和片刻犹豫，从来不会玩扯花瓣的游戏，在他喜欢我，他不喜欢我，他到底喜不喜欢我之前徘徊不前。

她说，爱就是付出，谈不上有回报，付出就要回报，那是生意，不是爱情。

别人觉得爱是有目的的，我承认，但是，我可以接受所有的目的都落空，那时候我依然爱他。

那天晚上，她既没有和我回忆他们的往日温柔，也没有对他的变心大吐苦水，只是静静地坐着，看着周围快乐的或悲伤的人。就这样一瓶一瓶地喝酒，直到地上那个箱子空了。

她说，走吧，我想通了。

我知道她当然不会这么快想通。因为她很久很久都没有找我去暴饮暴食，也没有拉着我去逛街跑步做指甲。

然后我也开始了忙碌的全国各地出差，每个月也就回广州两三天，把箱子里的衣服换一批又接着去另一个地方。

偶尔打个电话，让我放心她还活着。

“我还好啦，只是每天睡觉之前和早上起床的时候难过那么一瞬间。”

那是一个阳光很好的下午，我在青海湖，看到她给我发的微信语音。

“我在纽约，又到了他的城市，好想跟他说一声好久不见。

他却只和我说了一声，对不起。”

那一下子我真的都想扇她两巴掌了，还没等我开口，她轻轻地唱了一声歌：

为了这次相聚
我连见面时的呼吸都反复练习
言语从来没能将我的情意表达千万分之一

在漫天风沙里
望着你远去
我竟悲伤得不能自已
多盼能送君千里
直到山穷水尽

“周小雨，这次我是真的放弃了，不是我不爱他了，只是真的无能为力了。”

然后，她发了几十张图片过来，是她写了很久的一个的一个小本子上面的内容。

我真的没有想到她竟然有这么少女的一面，那个小本子上满满地记录着他们在一起的900多天。

还记得那时候不是旅游旺季，而且我走的又是一条小路，所以青海湖就那么几个人。安静得只能听到潮水的声音，我坐在一块大石头上，轻柔的风吹得我睁不开眼睛，眼前是望不到边的蓝色，静静地读完了那个本子上的每一句话。

“其实我是个路痴，永远在迷路。但是他是活的GPS，每次和他在一起我都不用带脑子出门，只要牵着他的手就好，因为他永远会把我带到想去的地方。但和他分开之后，我必须要学会认路，也不会在别人面前变现出弱的一面。”

“我们喜欢去动物园遛弯儿，有一次在老虎笼子外面坐了一个小时，就是看两只老虎在走来走去。我觉得只有他会陪我这样做。后来他会买很多玩具给我，有狮子小马和长颈鹿。”

“我很想养一只宠物，但是宿舍不能养小狗，他就带着我去菜市场买了两只鸭子，可以吃的那一种哦，放在学校的湖里，每天下课都去给它们喂吃的。别人遛狗，我们遛鸭子，可是我觉得好酷。”

“网上有很多文章说，看一个人适不适合和你在一起生活，就要和他去旅行，我对这些文章没有任何兴趣，因为他就是我确定以及肯定的那个人。”

“我在模拟人生里造了一个他，他的爸爸是Empire里的儿子，妈妈是其世交的女儿，所以他有一个好的出生。我预备让他长大之后学音乐，在大学选择计算机专业，然后找一份游戏设计师的工作。当然，还要造一个我。”

“他是第一个我想与之组建家庭的人，我总会不自觉地构想我们未来的图景。”

“我对他的妈妈有许多不理解的地方，但我在心里还是很喜欢这个妈妈的，因为她是他的妈妈。”

“我经常想着他突然对我说，跟我回家见我的爸妈吧。”

“已经习惯手机上不再有他的消息频频出现，已经习惯一句话过去之后，第二天才收到回复。已经习惯他把我排在学习，吃饭，睡觉打游戏等等一切之后。”

“我不温柔，不会做饭，也不会撒娇，我有很多缺点，但是我最大的优点是从未想过放弃这段感情。我对他的爱不是为他准备惊喜，而是不管发生什么事情，我依然相信他，即使他背叛了我。”

也许一千个人就有一千种爱情哲学。在冬瓜这里，我更愿意用勇敢而不是卑微二字。

因为无论是对生活，还是对爱情的，一往无前无所畏惧，不是谁都可以。

也许失去是人生中十分重要的一课，我们终将失去一切。房子、车子、工作、金钱、青春，甚至所有你所爱的人。失去大可以到亲人的离世，爱情的丧失，小可以到丢了一支用了很久的笔。失去，总会让人觉得痛苦。

也许相信我们拥有的一切本身就都是暂借的，会不那么难过。

相遇是分离的开始，告别是重逢的开始。

只是这中间的美好回忆和那时候的你，会永远留在过去的那个时空里，重复着当时的脉脉温情。不管我们最后会到达哪个地方，当你回头去看的时候，它们还是闪着微微光亮，告诉你曾经的温度。

你 开 心 就 好 啦

那些说得出口的“你开心就好”都是假的。

比如，我问jason：“最近在忙什么啊。”

他说：“和老板撕架。”

我说：“每天撕有意思吗？”

他说：“他开心就好，真的。”

而那些明明知道真心可能被辜负，也学会了权衡利弊和及时止损，但还是不知不觉地变成了一头憨厚的松狮，在心里说一句“你开心就好啊”才是真正的温柔。

《康熙来了》最后一集，蔡康永对小S说，“这12年的每一期节目，只要我察觉到你有一丝一毫的不愿意，我就不会让你去做这件事情。”

多让人嫉妒啊。尽管她要使出浑身解数搏众人一笑，但身边永远有人执剑保护她。

那些不动声色，那些故作轻松，那些举重若轻，不说出来，你可能永远都不会知道。

我曾经连续吃过半个月火锅。每天都吃，而且是全辣的，不带清汤锅的那种。

因为言言同学啊，可怜巴巴地拉着我说，她要去成都的男朋友家里见父母了，要赶紧练习吃辣椒。他家平均每个月要吃8顿火锅，以及，她未来婆婆的拿手绝活就是地道的川菜，麻婆豆腐、麻辣兔头、红油抄手，满桌血红一个月不带重样的。

可她呢，是一个从小连吃炒白菜都是放糖比放油还要多的正宗杭州妹子。

我看过很多练酒量的，聚会的时候没人去灌他也一个人猛喝，拦都拦不住。可是，这与生俱来的“吃辣能力”该怎么练呢？以我吃遍春熙路上苍蝇馆子的经验，成都人可能比我们长沙人还要高几个段位吧。

在一大锅深不见底的红油端上来的时候，好为人师的我找了一个直径10CM大小的碗，装了满满一碗干辣椒粉对她说：“你看，他们一般是这样吃火锅的。我给你示范一遍。”

“把这一片涮好的羊肉放到碗里，埋到辣椒粉里，转一圈，拿出来，不要抖掉，直接放进嘴巴里，摆出愉悦的享受表情。”

连吃到第4天的时候，我就口腔溃疡得连呼吸都是痛了，赶紧认怂。

“实话实说他家人也不会怪你的。干吗这样偷偷摸摸地练，你以为这种行为很伟大吗，还是要在未来婆婆面前表演生吞花椒表决心啊？”

她一边往嘴里塞了一片土豆一边说：“没有啦，好希望她妈妈喜欢我啊，不会因跟他生活习惯有什么冲突而不认可我。就是让自己看起来不那么矫情吧。但是也不想给他或者给自己太大压力，搞得像做了多大的牺牲一样。按照古代的说法就是，我自倾杯，君且随意！嗯！”“有病就要治啊少女。你这样要是在古代，都活不过两集。”

于是就为了“不那么矫情”几个字，我们俩，每天流着泪吃火锅，辣成了渣。

可是，他们终究还是没有在一起。因为在做足表面功夫这件事情上，有另一个张牙舞爪的少女甩了言言同学好几条街。

后来一次聚会又吃了一次该死的火锅，朋友调侃言言同学说：“你看，跟着你前男友在一起连基因都改变了，江浙沪地区来的居然能吃辣了，也算是一种收获啊。”

她听到的时候，瞄了我一眼，又沉默了半天，说了声：“哦。”

你看，“哦”是个多么有分量的词。所有戛然而止的故事，都化成轻轻的一声“哦”。

不用她使眼色，我也不会把那半个月的秘密训练当场说出来。许多努力都是要到成功以后才是锦上添花的佳话，如果没有，就是给别人用来打脸的证据，不如随风而去来得痛快。

所以每次听到 “要感谢那些伤害你的人”之类的话，我都会马上想起这个尴尬的场面。

我们总是这样，分不清爱和伤害。

明明就是她悄悄做了那么多事情，最后只是得了个名不副实的最佳女配角，而她那个脑神经比钢筋还粗的男朋友，从来没有在意过她一夜之间暴涨的吃辣能量值，也永远不曾见过她曾经捂着肚子蹲在地上的难过样子。

对啊，你不能像电影导演一样开启上帝视角，也不能像柯南一样每集都推理出一个真相。最终你笃定的答案，也许就是毛利小五郎永远说错的凶手。

曾经写过一个关于香水的小故事，后来编辑要我去看下面的留言，比正文还精彩。原来许多人都有那么多不曾说出口的秘密。

“我其实很少发朋友圈啦，只是单独给她一个人分了个组。周末发的牛油果沙拉，是她曾经分享过的美食攻略里提到的三里屯那一家，想告诉她好不好吃，所以我一个人去了。她那个小短腿，每天走那么几千步，在我好友里都排到400名以后了，但是我总会在微信运动翻到她的名字，点个赞。”

“有时候会一直盯着微信输入框看，直到看到‘对方正在

输入’几个字，心跳都漏了一拍。然后装作自己很忙，过了十几分钟才回，其实是在打字删除打字删除，把‘哦，晚安’改成了‘晚安哦’，睡觉之前再把他的朋友圈刷新一万遍。”

一段不怎么吵架的关系，一个相处起来莫名其妙很舒服的人，一手听什么就胡什么的好牌，背后总有一方是用了妥协和退让的。

你说她大方得体不乱发脾气也不斤斤计较，川菜粤菜淮扬菜样样精通。其实她从小娇生惯养从不下厨房，如果有一万种作天作地的方式，她能龙门阵一般给你摆出十万种。但是，她几乎快把五个手指头都剁了一遍，才慌慌张张摆出一桌四菜一汤，再附带眉间眼角晕开的温柔一笑。

你说今天真是好运气啊，眼睛一花把PPT上的客户名称写错了居然还没被老板发现。一定是上个星期塔罗大师给我算的那一卦显灵了，下班要去把那串开运粉晶给买回来。其实是你的好搭档比闹闹女巫还了解你，邮件发出去之前特地检查了一遍，帮你仔仔细细收拾烂摊子还做了一下午的改错题。

你曾经提过喜欢吃水蜜桃，于是每次回家都看到桌上摆着洗好的一碗桃子，还在疑惑现在是温室效应全球变暖四季都能吃得到吗？其实是妈妈一大早跑到水果批发市场找到唯一一家卖水蜜桃的摊，一个个洗干净，切好端到你面前。父母总是这样，只要你说过一次的东西就会刻在心上，任何时候都记得把最好的给你。

爱是一遍一遍的练习，练习不动声色地对你好，练习为你走了那么远的路还呼吸平稳地给你讲冷笑话，练习把大衣给你披着以后自己还像刚做了100个俯卧撑一样昂首挺胸地说不冷。爱是慢慢升级技能包，为了有一天能从容地与你站在一起。

好啦，幸存者。

收起你的洋洋得意。

哪来那么多从天而降的幸运呢，多得是一笔勾销的秘密。

偏颇爱你，
宽阔爱你

曾经在知乎上看到过一个问题，当女朋友问你，你为什么喜欢我时该怎么回答？

这道题的难度已经相当于母亲和老婆同时掉进水里先救谁了，无论怎么回答都是错。

但是呢，女生总是很喜欢不断确认对方爱的上限，所以这也成为了恋爱中无法回避的一道题。

当然我也曾经问过我的前男友。我从来没有在文字中提及过他，因为也没什么好写的，而且他算是一个公众人物吧，无论我写什么都好像不妥，不过在这件事情上还是可以表扬一下他。

我一直以来都脾气不太好，但是他总是对我有极大的包容心，不管我怎么「作”，怎么无理取闹，他从来不和我计较，也不会judge我的任何一种行为。

他有很多迷妹，但我从不忌惮，也没产生过什么危机感。他也从未以任何对于女性的偏见之词加诸于我。倒不是说他有多爱我，换做另一个人，他也会这样。只是我觉得，这样的态度在男性身上，是大气的。

有一种普遍的说法是，当你变得更好更优秀，才能遇到更好的人。热门微博也说，一个女生能够作的程度以其颜值为上限。

当然这里所说的优秀包括但不限于颜值这一个评价标准。但是这些金句表达的是同一个道理：爱情讲究势均力敌，老派的说法是门当户对。于是大家忙着教你如何成为女神，健身、素食、咬唇妆、击剑、花艺、烘焙，必须样样精通。

最关键的是，女朋友拿得出手的必备因素里，情商要高，要善解人意，要知进退，懂分寸。

但是，在我的价值观里，一直都很讨厌这样去把女生分门别类的言辞。就像梁家辉某次被拍到和他老婆一起逛街的照片时，媒体都夸赞他，即使老婆发福变老依然不离不弃。说得就像外人看起来不匹配就活该被甩一样。

无可挑剔的女神总稀缺资源，关注女性的声音里更多的是负面的评价：三十未婚的是大龄剩女，恋爱史丰富的是不检点，爱买包的是物质拜金肤浅，讨价还价的是市侩，不会做家务的是公主病，升职快的是城府太深不择手段谋求上位。大家都说你是什么样的人就会遇到什么人，又或者是，又胖又丑人家凭什么喜欢你？

或许这是一种正向的激励，但我更偏爱那些毫无理由的喜

supposed to be
a guard
a new
little.
robbers.
However,

欢啊："不管，我就是喜欢你，不管你优不优秀，是不是名校背景，有没有大长腿。"

曾经有一次陪我的好朋友去相亲，坐在对面的那个男生对她说，"我从来不会喜欢做销售的女生。太LOW了，一个个心机太多。"他停顿了一下，又补了一句，"但是你例外。"

也许这个男生觉得这样欲扬先抑的表达爱意是很成功的，但是我和朋友都听的一脸无语。我按住她的手，让她别发火。

她笑了一下，对那个男生说："第一，我的职业是Marketing，不是销售。第二，不管是不是销售，你都没有资格喜欢。"

我觉得类似的说法也是一种对女性普遍的刻板印象。

就像我昨天提到直播网红，很多人一听就觉得是胸大无脑。但是，她们一样的要付出许多努力，无论是体形管理，还是才艺扩展。

节目结束的时候我去现场看了一下，她们每一个人面前的那一盘巧克力蛋糕都只切了非常非常小的一口，就是这样许多人都做不到的常年的自我克制，才能达到在镜头前的完美仪态。

昨天和朋友讨论，都说男孩子为事业打拼劳心劳力，其实女生也活得挺累的。为了符合所有人的预期形容词。

有时候和自己父母说话的时候都口无遮拦出言不逊，却要对着男朋友的父母毕恭毕敬点头哈腰。做得好是应该的，做不好就是不孝顺。

大概所有女生在心里都更愿意成为蛮横的敏敏郡主，而不是小昭，也不是芷若姑娘。想做古灵精怪的蓉儿，而不是穆念慈，也不是王语嫣。

最让人羡慕的爱是恃宠而骄，偏颇爱你，宽阔爱你。

有时候我也觉得理想主义者不是个个都心怀改变世界的伟大梦想，只是他们对于投入产出比不是那么斤斤计较。

我喜欢你是心甘情愿，你能投桃报李自然是好的，如果无动于衷，我也不会懊恼。即使别离也是缘分未到。

即使所有人都不看好你，我也愿意陪你市侩到底。

你为什么喜欢我呢?

因为你就是你自己啊。